W0209374

L'OBSESSION DES FRONTIÈRES

Pour en savoir plus
sur les Éditions Perrin
(catalogue, auteurs, titres,
extraits, salons, actualité...),
vous pouvez consulter notre site internet:
www.editions-perrin.fr

collection tempus

Michel FOUCHER

L'OBSESSION DES FRONTIÈRES

PERRIN

www.editions-perrin.fr

Secrétaire générale de la collection :
Marguerite de Marcillac

© Perrin, 2007
et 2012 pour la présente édition revue et augmentée
ISBN : 978-2-262-03831-1

tempus est une collection des éditions Perrin.

INTRODUCTION

L'art des limites

Obsession des frontières ? Ce livre traite d'une dimension trop méconnue de la réorganisation du monde depuis deux décennies : la production continue des frontières politiques[1]. L'art des limites s'universalise, afin de dessiner, ici, l'enveloppe des nouveaux Etats, de réaffirmer, là, un paramètre et un périmètre de souveraineté ou de brandir, ailleurs, une arme ultime, la clôture.

Depuis 1991, plus de 28 000 kilomètres de nouvelles frontières internationales ont été instituées, 24 000 autres ont fait l'objet d'accords de délimitation et de démarcation, et si les programmes annoncés de murs, clôtures et barrières métalliques ou électroniques étaient menés à terme ils s'étireraient sur plus de 18 000 km. Jamais il n'a été autant négocié, délimité, démarqué, caractérisé, équipé, surveillé, patrouillé. Les frontières terrestres et maritimes sont devenues, même en temps de paix, un marché florissant pour les firmes d'électronique de défense et les cabinets d'avocats spécialisés dans l'arbitrage international.

A l'exception des zones de crise permanente, Orients Proche et Moyen, Afrique de l'Est et Asie du Sud – crises d'impact global si durables qu'elles sont en quelque sorte instituées, ayant toutes, sans exception, une dimension territoriale fondamentale –, on observe, depuis vingt ans, un arpentage systématique du monde. Celui-ci n'est qu'en partie seulement l'effet technique de la formation de nouveaux Etats indépendants depuis 1991[2]. Il ne résulte pas non plus d'un mécanisme de résolution des conflits. Il concerne tout autant des Etats anciens, surtout les plus puissants, engagés dans un processus de caractérisation systématique de leurs longues enveloppes externes lorsqu'elles n'étaient pas encore fixées. L'effacement de limites interétatiques consécutif à des réunifications est fort rare : Allemagne, Yémen, Vietnam. La situation politique de la partie nord de la péninsule coréenne est un cas unique de monde clos par des frontières militarisées et quasiment infranchissables à ses habitants, où le régime maintient une autarcie d'un autre âge, théâtralisée comme un « paradis », tout en réservant à une caste étroite les bénéfices des contacts extérieurs.

Le monde contemporain est ainsi structuré par 250 000 km de frontières politiques terrestres et 323 frontières interétatiques, que je nomme dyades, limites communes à deux Etats contigus. Soit près d'un demi-million de kilomètres de limites à gérer. La fragmentation de l'espace géopolitique mondial l'emporte, à la suite de l'extension depuis un siècle de principes wilsoniens d'autodétermination relevant en fait de l'application, même si elle reste parfois superficielle, d'un modèle westphalien, lequel n'est d'ailleurs mis en cause qu'en Europe occidentale. La multiplication du nombre d'Etats formellement souverains contribue à ce chiffre. Leur liste n'est pas close ; on peut le redouter si cette fragmentation continue des ensembles pluriethniques produit des Etats à la viabilité incertaine, ou bien l'accepter si une ancienne revendication nationale est enfin satisfaite, contribuant à une sortie de crise. Créer une frontière vise toujours à régler un problème, avéré ou non, selon la pratique ancienne et toute britannique de la partition, sans toujours savoir ce qui s'ensuivra. On remarquera, sans malice, que l'héritage britannique des pratiques frontalières pèse lourd, de l'Irlande du Nord aux confins afghans[3]. Ailleurs, cette souveraineté enfin acquise se légitimera sur fond de réécriture de l'histoire et d'inscription symbolique dans l'espace. Les bruits de bottes sur les confins fabriquent de la cohésion autour du leader, comme on l'observe en Asie centrale ou en Afrique de l'Est.

Une version moderne de l'antique ligne fortifiée se diffuse, ici pour contenir des menaces à la sécurité, là pour décider unilatéralement d'un tracé définitif dans un territoire contesté, ailleurs pour ralentir des flux migratoires. Des paysages militarisés surgissent où la distinction entre les pratiques de la sécurité extérieure et celles de la sécurité intérieure est floue ; ce sont souvent les mêmes équipements électroniques qui sont installés, à grands frais. L'homme moderne paie sa liberté d'aller et venir d'une surveillance accrue aux accents orwelliens. L'Etat, surtout quand il est au service d'un régime démocratique, doit, dans un monde fluide, se montrer visible et actif sur la scène frontalière, devenue spectaculaire. C'est ce qui retient le plus l'attention publique, d'autant qu'un mur est photogénique.

Plus discrètement s'anime un autre mouvement, le règlement généralisé de limites existantes entre Etats souvent anciens. Il concerne surtout l'Asie et la péninsule arabique, mais l'Union africaine a lancé en juin 2007, sous l'impulsion personnelle du président historien et géographe Alpha Oumar Konaré, un ambitieux Programme Frontières visant à démarquer et à caractériser les quelque 62 000 km qui ne le sont pas. En espérant que ne soient pas rouvertes des querelles endormies. Ce troisième facteur de délimitation n'est pas le moins intéressant à analyser ; il dénote un mouvement, généralisé lui aussi, de territorialisation des Etats, corollaire de l'ouverture progressive des marchés nationaux, de l'intensité des phénomènes de circulation des biens et des idées et de la fluidité croissante des sociétés de la frontière. On ne peut s'insérer dans le jeu économique mondial qu'à partir d'une base productive et territoriale bien établie, permettant de mobiliser de nouvelles ressources internes, de s'accorder sur les points de passage et, le cas échéant, d'intégrer politiquement et économiquement les périphéries intérieures. Cette dialectique de l'ouverture économique et physique et de la consolidation territoriale mérite d'être explorée, comme l'un des champs de projection des phénomènes globaux sur un réel terre à terre.

Associer le mot fétiche de « mondialisation » au concept ambigu de frontière n'est pas sans risques. C'est pourtant une exigence pour rédiger un récit de la géographie réelle du monde tel qu'il a l'inconvénient d'être. Sans doute l'entreprise se heurte à la rhétorique dominante du « sans frontières », article de foi ou, du moins, visée ultime de l'économie libérale dont le mot d'ordre est de percer et de démanteler les frontières et de créer des marchés parfaits, idéalement indifférents aux effets-frontière. Or, loin d'être en contradiction avec la phase actuelle de la mondialisation, la nouvelle ère de délimitation en est le corollaire, comme le montre l'activisme des grands Etats à l'économie émergente pour englober leurs périphéries.

Le terme de « globalisation » lancé par Théodore Levitt en 1983 pour désigner la nouvelle stratégie des firmes cherchant à vendre les mêmes produits standardisés partout à travers le monde fut repris par Kenichi Ohmae, promoteur du concept de « monde sans frontières », puis par Robert Reich afin de redéfinir les règles du jeu macroéconomique en passe d'échapper à la maîtrise des seuls Etats. La « mondialisation », pour un géographe attentif au jeu des échelles, signifie que les facteurs économiques et géopolitiques, politiques et culturels se déploient également à l'échelle planétaire, à une autre échelle que celle, plus familière, des Etats ou des quelques groupements régionaux actifs. Or, les grands changements d'échelle du passé, les élargissements des horizons géographiques des Etats – royaumes, empires, cités-Etats et Ligue hanséatique – et des acteurs économiques – marchands, armateurs, banquiers, entrepreneurs, inventeurs, découvreurs – se sont toujours accompagnés d'un découpage formalisé du monde. Il faut savoir où l'on va ou s'entendre au préalable sur les sphères d'influence exclusives.

Les quatre mondialisations et leurs frontières

Il s'écoula une seule année entre le premier voyage de Christophe Colomb et l'émission des trois bulles papales *Inter coetera* par lesquelles Alexandre VI, pontife espagnol, décréta que les terres à découvrir situées à l'ouest d'un méridien passant à 100 lieues des îles du Cap-Vert seraient espagnoles, celles placées à l'est revenant au Portugal. Mécontent, Jean II du Portugal négocia directement avec les souverains espagnols le traité de Tordesillas le 7 juin 1494 qui déplaça de 270 lieues plus à l'ouest le méridien nord-sud de partage du « nouveau monde » (46° 37' ouest) et institua un droit de navigation au sud des Canaries réservé au Portugal. Plus tard, après la circumnavigation de Magellan, le traité de Saragosse, en 1529, fixa la partie asiatique du même méridien à 297 lieues à l'ouest des Moluques, riches en épices, au profit du Portugal, l'est revenant à l'Espagne. Ce double partage océanique avait trois caractéristiques : conçu par le Saint-Siège comme une division du travail d'évangélisation, il délimitait une « frontière *a priori* » pour l'administration des nouvelles terres, reculée par les Portugais au Brésil mais restée stable en Asie – Philippines à l'Espagne, comptoirs du Sud-Est asiatique au Portugal ; il excluait les autres puissances maritimes, France, Angleterre, Provinces-Unies, qui ne tardèrent pas à réagir. Il ne s'agissait pas d'une limite terrestre conventionnelle mais d'une « méta-frontière » fixée d'emblée pour partager des droits océaniques et des accès à des terres pressenties. Elle valait à l'échelle du monde connu et à connaître ; ce fut la première de ce cas. Elle accompagna la première mondialisation marchande. Fixée par deux acteurs royaux sous couvert de l'autorité spirituelle majeure, elle a fait système au sens où les autres puissances se lancèrent à leur tour dans l'aventure océanique et marchande, en Amérique du Nord et plus tard en Asie du Sud, jusqu'à la fin du XVIIIe siècle.

Le deuxième épisode de délimitation *a priori* de portions de mondes à découvrir marque la fin du XIXe siècle, effet de la révolution industrielle et condition du maintien de l'équilibre du concert des nations européennes. Sur le continent africain, tout se joua en vingt-cinq ans, puisque plus de 70 % des tracés actuels furent décidés entre 1885 et 1910. Aucun autre ensemble géopolitique dans le monde n'aura été aussi rapidement découpé, sauf les Orients proche et moyen où tout fut fixé entre 1910 et 1930, sur une longueur seize fois moindre et à l'exception notable de la limite occidentale de la Perse (traité de 1683 avec l'Empire ottoman). Ce partage dont l'Acte général de Berlin (1884-1885) fut l'accélérateur fut d'abord affaire de papiers et de cartes, de traités par lesquels des Etats européens acquirent sphères d'influence et possessions. Le « partage sur le papier » ne devint partage sur le terrain qu'après 1880, pour des diplomaties se laissant mutuellement le champ libre dans ces régions lointaines[4]. Après avoir reporté sur les cartes les territoires convoités, l'appropriation prit forme ; les cartes ne représentaient pas la réalité mais la façonnaient. Comme dans l'étape précédente, les frontières ont *a priori* matérialisé des rapports de force. En raison du nombre restreint de guerres d'opposition à cette conquête, le partage se poursuivit jusqu'à son terme et ne provoqua aucun conflit entre métropoles coloniales. La question du partage de la Chine avait été posée par les mêmes puissances. Son non-partage tint à la plus grande solidité de la structure interne de la Chine, un seul empire centralisé, ainsi qu'à l'irruption de nouveaux venus, Russie tsariste, Japon en quête d'empire, Etats-Unis en recherche de portes ouvertes au commerce ; ils se neutralisèrent et imposèrent une politique de comptoirs côtiers et des régimes de territoires à bail, incluant le contrôle de Taïwan par le Japon (1895-1945).

La troisième étape est née de l'imposition d'une autre « méta-frontière », connue en Europe sous le nom de rideau de fer, mais de portée idéologique et stratégique planétaire. Partage réalisé *a posteriori* en fonction du sort des armes, en Europe et dans la péninsule coréenne, et modifié en faveur de Staline en 1948. Les accords de Yalta-Potsdam n'ont pas créé d'Etats, sauf la provisoire RDA, mais ont modifié le tracé de plus du quart des frontières européennes, plus de 8 000 km, et provoqué le déplacement de vingt millions d'habitants. La situation étant figée en Europe, et en Chine jusqu'en 1958, la rivalité entre les deux grandes puissances changea d'échelle et s'étendit au monde Tiers, théâtre de luttes incessantes en Amérique latine, en Afrique de l'Est et du Sud, en Asie du Sud-Est et en Orient, avec leurs fronts mobiles. Invention d'une seconde méta-frontière à trois volets, entre le monde développé, le monde socialiste et les pays en développement. Dans cette conjoncture d'affaiblissement des métropoles européennes, la décolonisation a transformé les limites coloniales administratives internes ou inter-impériales en frontières d'Etats, parfois au prix de douloureuses partitions[5]. Acteur majeur du duopole géopolitique, le monde socialiste, lui-même divisé entre Moscou et Pékin, se mit entre parenthèses de l'économie mondiale, dominée par les Etats-Unis et une Europe occidentale reconstruite. Cette position de marginalité épuisa son pôle soviétique, qui aura attendu plus de deux décennies avant de suivre la voie de modernisation autoritaire et d'ouverture du pôle chinois (1978).

La quatrième étape de la mondialisation ne crée plus, en apparence, de nouvelle méta-frontière après 1989 mais se traduit par une réorganisation des territoires étatiques et nationaux, systématique et probablement systémique, car le simple fait que l'une des puissances ayant dominé la scène internationale pendant quarante-six ans ait pu se disloquer, de l'intérieur, a modifié les réseaux d'alliance et de réassurance et interpellé des Etats rendus plus attentifs à leur assise spatiale. Cette reconfiguration généralisée a affecté deux types de situations géopolitiques. Soit par transformation d'anciennes limites en frontières internationales, soit par régularisation de tracés antérieurs qu'il était opportun de renégocier dans un nouveau rapport des forces. Les chiffres cités plus haut parlent d'eux-mêmes. Il s'agit partout de frontières *a posteriori*, reprenant des tracés existants : Europe centrale et baltique, orientale et méridionale, ancien empire russo-soviétique mais aussi enveloppe chinoise et vieux Etats de l'angle de l'Asie, entre Inde et Chine, péninsule Arabique et quelques Etats africains (Soudan du Sud, Erythrée). Ce processus n'est pas encore achevé. Il dépasse les simples conséquences de la séparation de la Russie d'avec son empire. Il ne fut pas décidé dans le cadre d'une grande conférence des limites, d'un nouveau Yalta-Potsdam, même si, dans les situations les plus complexes, des formats de négociation impliquant plusieurs grands acteurs stratégiques ont été définis – confirmation de l'Oder-Neisse par les quatre puissances occupantes, l'Allemagne unifiée et la Pologne, soit 4 + 2 ; Chine et ses nouveaux voisins occidentaux, avec la présence de la Russie, qui disposait des archives, soit 4 + 1 ; Serbie et Kosovo où le Quartet a passé le relais aux Nations unies. Nul doute que les règlements à venir entre Israël et ses voisins devraient associer des puissances majeures et régionales, à titre de garants.

Pour l'essentiel, il s'est agi d'accords bilatéraux, pas tous déclarés à l'ONU comme l'exige pourtant l'article 102 de sa charte, ce qui suggère des tractations ou des concessions susceptibles de mettre en cause tel ou tel des signataires aux yeux de son opinion publique. La plupart de ces négociations ont été conduites dans la discrétion, jusqu'aux signatures finales. Ces limites d'Etat, nouvelles ou reconfirmées, suivent toutes des tracés antérieurs. Là s'impose le principe de l'*uti possidetis juris*[6], fondement des arbitrages de la Cour internationale de justice et de la pratique diplomatique internationale. Les Etats successeurs doivent respecter les tracés administratifs antérieurs ; c'est la base de tout règlement, dans la crainte d'une logique de précédent, un des concepts centraux de la diplomatie. De nouvelles frontières, oui, mais sans nouveaux tracés sur le terrain. Le recours aux arbitrages de la Cour internationale de justice demeure fréquent et vaut surtout pour les contentieux maritimes – seules 30 % des frontières maritimes potentielles ont déjà fait l'objet de traités, dans les secteurs riches en ressources pétrolières et halieutiques. La course pour le contrôle de l'océan Arctique a repris. Cette quatrième étape de la mondialisation a donc plusieurs traits géopolitiques originaux. Elle mobilise des foyers démo-économiques situés hors d'Europe et d'Amérique du Nord. Elle ne produit pas de nouvelle délimitation définie *a priori* et d'envergure globale. La tentation existe pourtant d'inventer de nouvelles méta-frontières issues de scénarios de découpage entre grandes aires de civilisation rivales, ou, de manière plus risquée, entre « Occident et le reste », entre aires d'influence américaine et chinoise, entre Etats civilisés, démocratiques ou non, et les entreprises jihadistes[7] de khalifats et d'émirats reconstitués. Ces clivages-là passent tous en réalité à l'intérieur du monde musulman[8].

La scène frontalière contemporaine

L'obsession des frontières qui envahit la représentation contemporaine du monde se décline selon les lieux en impératifs de sécurité stratégique, en actions unilatérales d'appropriation d'aires contestées, en marquage des territoires dans les Etats, anciens ou récents, ou en dispositifs de protection des établis contre les marginaux et les flux jugés indésirables. Les frontières se sont transformées en « membranes asymétriques », autorisant la sortie mais protégeant l'entrée d'individus venant de l'autre côté. Et il convient que l'Etat interpellé pour avoir « perdu le contrôle de la frontière », qu'il n'avait sans doute jamais complètement maîtrisée, démontre sa capacité à prendre les mesures qui s'imposent pour y restaurer son autorité, moins sur les segments concernés qu'aux yeux de ses administrés. Obsession encore sur l'identité d'ensembles multi-Etats en formation comme en Europe où la question des frontières ultimes est sans cesse posée sans jamais trouver de réponse satisfaisante, car les modalités de l'énonciation restent binaires alors qu'il convient de s'interroger sur le type d'interactions à bâtir entre l'Union européenne actuelle et les Etats qui la bordent, sans que cette position géographique suffise à définir ce qu'ils sont. Mais la formule actuelle d'extension continue de l'Union – rappelant la méthode de consolidation territoriale du XVIIIe siècle, « reculer la frontière pour régler les confins » – pèse incontestablement sur la cohérence de son identité politique, sauf à faire sienne là encore la conception turnérienne de la frontière d'avancée permanente.

La scène frontalière mondiale est ainsi marquée d'un double mouvement d'obsolescence et de résistance de ses attributs. Anachronisme par érosion, lié à l'ampleur des phénomènes de circulation : 470 millions de personnes franchissent chaque année les deux frontières terrestres des Etats-Unis, contre 20 millions seulement de passagers aériens venus d'outre-Océan. La France enregistre plus de 50 millions d'entrées par an, dont 2 millions seulement sont assujettis à la délivrance de visas. La liberté de circulation est une revendication largement partagée, d'abord dans les régions pacifiées. Les limites externes de l'Union européenne sont franchies chaque année par 700 millions de ressortissants européens et d'Etat tiers. On compte 200 millions de travailleurs migrants, 3 % de la population planétaire. Augmentation continue du volume des échanges de biens et de services, en moyenne trois fois plus rapide que la croissance de l'économie mondiale ; le taux d'ouverture est de l'ordre de 15 %, traduisant une interdépendance accrue ; il atteint 38 % en Europe en incluant les échanges intracommunautaires. Des flux financiers toujours plus impériaux, au point que la capitalisation boursière dépasse de trois fois le montant de la production mondiale. Circulation des images suscitant des conflits d'interprétation entre les différentes cultures mises en contact et entre les représentations de l'Autre qu'elles véhiculent massivement et sans ménagement.

S'observent pourtant des phénomènes de résistance. Le retour de la problématique migratoire est lié, en

Europe, en Amérique du Nord, en Russie, aux tentatives de régulation des flux, parfois traitées de manière sécuritaire. Avec le développement des flux migratoires – un des effets de la globalisation qui met en contact informatif et économique des foyers démo-économiques de niveau de vie fort différent –, le biais sécuritaire est donc un facteur essentiel de ce retour des politiques frontalières. Dans les zones de tension, les souverainetés se cloisonnent. Le contrôle des étendues désertiques aux multiples routes d'accès devient un enjeu : on le voit au sud du Sahara, dans le Sinaï, sur les côtes occidentales de la mer Rouge et du golfe d'Oman, dans la péninsule Arabique ou au Balouchistan. Les groupes nomades – Touaregs du Mali, Bédouins du Neguev ou du Sinaï – sont des enjeux de pouvoir entre les Etats et les jihadistes qui y ont repéré une opportunité comme autrefois les « focos » des guérillas d'Amérique latine s'implantaient dans d'improbables Sierra Maestra. Les grands clivages stratégiques perdurent, entre les Etats-Unis d'une part, la Russie, la Chine et les acteurs non étatiques abrités dans les régions de non-droit, d'offshore géopolitique d'autre part. Au plan économique, le postulat d'un marché mondial unique est prématuré, écrivent les experts. L'impact de l'effet-frontière sur le commerce reste une énigme pour les économistes au constat que les flux internes aux Etats restent plus élevés que les flux entre Etats de taille comparable et en supposant une même distance entre acteurs de l'échange. La Tchéquie et la Slovaquie échangent quatre fois moins entre elles depuis leur divorce de velours. Les droits de douane, les barrières non tarifaires, les variations de change et les insuffisances de l'Etat de droit pour garantir les contrats privés en rendent compte. Au reste, les marchés intérieurs des grands Etats, tels que la Chine ou l'Inde, ne sont pas encore unifiés et c'est d'abord à usage interne qu'ils marquent une attention à l'expérience de l'intégration économique européenne.

LES FRONTIÈRES SONT DES INSTITUTIONS

« La frontière est une ligne ; elle limite l'espace sur lequel s'étend une souveraineté nationale », enseignait le géographe Jean Gottmann à ses étudiants de l'Institut d'études politiques en 1950-1951. Définition simple et d'actualité dans la majeure partie du monde, mais contestée par les théoriciens contemporains insistant sur les interactions d'échelle locale entre sociétés avoisinantes.

Le mot frontière est, en français, l'adjectif féminin issu du substantif front : front, frontier, frontière. Aller en frontière, c'était se porter là où l'ennemi devait survenir. Dans le Mystère du siège d'Orléans, Jeanne d'Arc émit un vœu : « Y m'est bien tart que demain soit pour voir les anglais en frontière. » Sur la longue durée, l'on peut admettre que l'œuvre de pacification des rapports sociaux aux territoires conduit au passage des fronts aux frontières. Avec des épisodes plus ou moins durables où la séparation reste marquée d'un no man's land entre deux lignes de front, comme dans le film de Danis Tanovic, en 1993, *Quelque part en Bosnie centrale,* avant qu'elles ne soient figées par les accords de Dayton, préparés par les militaires cartographes.

Les frontières sont des discontinuités territoriales, à fonction de marquage politique. En ce sens, il s'agit d'institutions établies par des décisions politiques, concertées ou imposées, et régies par des textes juridiques. Les lois d'un Etat souverain à l'intérieur, le droit international public comme loi commune de la coexistence des Etats, même lorsque ceux-ci se défont puisque les traités territoriaux sont les seuls pour lesquels la succession d'Etat est automatique. Lignes de partage des souverainetés, elles enveloppent – par une délimitation suivie d'une démarcation sur le terrain au moyen de bornes et autres outils physiques ou électroniques de séparation – des territoires régis par une souveraineté étatique et formant le cadre de l'attribution et de la transmission d'une nationalité, d'une citoyenneté comme lien juridique d'un Etat à sa population constitutive. Pas d'identité sans frontières. L'ordre politique moderne implique la reconnaissance par les autres de frontières d'Etat démarquées, à base territoriale et souveraine. Le traité hispano-hollandais de Westphalie de 1648 précisa les frontières de neuf Etats et ensembles étatiques. On procéda de même en 1919 et en 1945. La souveraineté, comme droit légitime exclusif de l'exercice de la violence interne, doit être mutuellement reconnue, depuis 1648. C'est le modèle de base. D'où l'importance des traités frontaliers : au-delà de la délimitation territoriale, au-delà d'un accord sur l'allocation technique de territoire, il s'agit d'obtenir ou de forcer une reconnaissance, validée comme internationale, au nom du principe fondateur dans l'ordre international de l'égalité formelle des Etats.

Les frontières sont classiquement le lieu d'exercice de fonctions étatiques précises, en temps de paix. La fonction légale relève de la délimitation d'une souveraineté particulière et de l'application d'un droit national singulier. Séparant deux autorités étatiques, elle ménage des règles du jeu et des marges. Si le franchissement illégal d'une frontière est passible de poursuites, le réfugié politique peut le faire sans autorisation et trouver secours à l'abri d'une ligne protectrice. En période de tension entre deux Etats contigus, la limite est militarisée. Point d'entrée d'un territoire national sacralisé en la circonstance, doté d'une valeur symbolique essentielle, elle est le lieu des premiers accrochages en zones réputées inviolables en temps de paix. Les garde-frontières ont souvent été les premières victimes des incursions et des offensives planifiées comme on le voit dans les musées de la guerre partout en Europe. Et pour illustrer cette charge symbolique, où règne l'absence de demi-mesures, où sévit la radicalité de la riposte attendue, Theo Angelopoulos filme un journaliste d'enquête en train de lever le pied sur la ligne jaune qui marque aux yeux d'en face l'intention de la transgression. Le pas reste suspendu sur les quelques centimètres de la limite gréco-turque[9].

La fonction fiscale assure des revenus à l'Etat par prélèvement de taxes sur les transactions commerciales et par la facturation de visas pour la circulation des personnes. La rhétorique du sans-frontières vise, dans le champ économique, à abattre les limites tarifaires, obstacles à un marché fluide du fait des surcoûts qu'elles imposent. Nombre d'études ont chiffré les coûts de la « non-Europe » ; celui du « non-Maghreb », en raison de la fermeture officielle de la frontière algéro-marocaine depuis 1994, a été évalué en 2007 à au moins un point de croissance annuelle. Inversement, l'élévation de barrières tarifaires vise soit à protéger les productions nationales (automobile en Inde), soit à assurer à des Etats inchoatifs des ressources non négligeables (Asie centrale). Les opérateurs privés ne sont pas en reste : les transferts financiers des quelque 200 millions de travailleurs migrants dans le monde atteignent 300 milliards de dollars ; leur statut souvent non officiel les contraint à recourir à des compagnies de transfert comme Western Union, qui peuvent facturer jusqu'à 15 % des montants transférés.

La fonction de contrôle s'attache à la circulation des personnes, par la politique des visas en l'absence d'accords de réciprocité. Des régimes spécifiques de facilitation peuvent être accordés aux populations frontalières. Elle concerne aussi celle des idées et l'on se souvient que l'émergence des Etats-nations au XIXe siècle s'est accompagnée de la formation de polices culturelles qui ont fragmenté l'aire fluide de la République des lettres. Internet n'échappe pas au contrôle de certains Etats comme on le voit dans les régimes autoritaires dictant leurs règles aux opérateurs occidentaux.

L'ouverture concertée des frontières, dans l'Europe contemporaine, par dévaluation de l'exercice de certaines fonctions de barrière sur les tracés internationaux ou leur report sur des points situés à l'intérieur d'un territoire national (ports, aéroports, plate-formes logistiques), n'annule pas l'effet d'identité. Mais elle invite à passer d'une identité close et défensive à une identité ouverte. Pour qu'il y ait véritablement un dedans, encore faut-il qu'il s'ouvre sur le dehors pour le recevoir en son sein, écrit l'historien Jean-Pierre Vernant dans un texte inscrit sur une borne du pont de l'Europe entre Strasbourg et Kehl[10].

Le « besoin de frontières » fait question en Europe, en raison de la modification radicale des pratiques frontalières sur les limites internes, où a été décidée une suppression concertée de la fonction de barrière. On y reviendra, car cela reste encore une exception géopolitique dans le monde tel qu'il est. Du reste, la gestion des périmètres externes de l'Union européenne ne relève pas du même principe novateur et c'est inversement à la mise en place d'un dispositif original de contrôle des flux migratoires que se sont attelés les Etats de l'Union européenne avec la création de l'agence Frontex, depuis 2006.

Mais dans les Etats attachés à une conception classique du rapport au territoire politique, c'est-à-dire dans la majorité d'entre eux, la frontière est d'autant plus instrumentalisée que l'Etat est récent, manque de cohésion interne ou entretient des contentieux territoriaux avec les Etats voisins. Dans ce cas, la limite externe fonctionne comme un front potentiel ou actif, avec une fonction militaro-stratégique centrale ; elle a une valeur constitutive dès lors qu'un Etat qui se veut souverain doit avoir des limites bien établies et bien gardées, que l'identité nationale en formation requiert un degré de sécurité émotionnelle élevé et propice à assurer la préservation de l'Etat en devenir, comme on l'observe en Asie centrale ou en Asie du Sud.

Les frontières sont donc à envisager comme des institutions territorialisées, opérant à des échelles distinctes et pas toujours complémentaires :

a) Echelle de l'Etat, national ou plurinational, exerçant un contrôle régalien, exclusif, légal sur un territoire exprimé en une juridiction. Echelle qui contient, enferme, englobe les régions internes mais aussi périphériques souvent prêtes à regarder de l'autre côté. Pendant des siècles, l'unité de la nation s'incarnait dans la conscription, pour servir aux frontières précisément, sur la ligne de front potentielle. L'abolition du service militaire obligatoire n'est pas pour rien dans la dévaluation de la fonction symbolique et stratégique de ces lignes. Du moins, là où il a été décidé, c'est-à-dire dans une minorité de pays. La frontière est pour l'Etat un théâtre où la légitimité de son pouvoir est observée avec attention. Rien de plus désastreux pour une autorité régalienne que d'être accusée d'avoir perdu le contrôle de sa frontière. Sa mission est d'assurer la sécurité. La limite sert de lieu métaphorique à l'identité nationale, ethnique ou civique, séparant eux et nous. La fonction de représentation est essentielle ; chaque communauté nationale a sa propre carte mentale, son récit, son histoire, ses mythes, ses lieux et ses trous de mémoire.

b) Echelle interétatique qui figure le terrain de la souveraineté reconnue par les autres, voisins, amis ou adversaires. Là s'impose un autre fondement de l'ordre international, l'inviolabilité des frontières, enveloppe sensible de l'être national, qui n'est pas synonyme d'intangibilité. Après tout, un tracé peut être modifié d'un commun accord, par échange de territoires ou compensations.

c) Echelles régionale et locale enfin, celles des pratiques sociales variant selon le degré d'ouverture de la frontière, tantôt barrière, tantôt ressource, et selon la latitude que le pouvoir central leur confère. L'existence de la limite est facteur de différenciation des identités, des langues, des comportements et des référents culturels. Il y a lieu cependant d'enrichir l'approche eu égard aux pratiques contemporaines. Dans le meilleur des cas, elle est une donnée de la stratégie quotidienne des résidents des marges, du moins quand il est loisible de la franchir, qui pour un emploi mieux rémunéré, qui dans des stratégies d'accès à des produits moins taxés de l'autre côté ou à des résidences moins coûteuses. On s'ingénie à exploiter localement les différentiels, de salaires, de prix et de revenus, en fonction des lois en vigueur de chaque côté. Les aires frontalières sont propices à l'offshore et à l'outsourcing, comme on le voit autour des limites françaises. Tant il est vrai que la frontière est bien souvent le lieu de l'asymétrie entre les ensembles englobant, notamment au plan économique.

Il m'a toujours semblé vain d'opposer, comme le font les théories contemporaines, la ligne politique et la région socio-économique, le lieu d'exercice des fonctions régaliennes de l'Etat et celui du jeu du marché et des pratiques de la société, bref l'Etat et la société. On objectera que bien des fonctions de contrôle s'exercent désormais non plus sur l'enveloppe externe, mais aux ports d'entrée que sont les aéroports, ce que les chercheurs américains ont nommé les *network barriers*, les barrières du monde en réseau. A ceci près, on l'a écrit, qu'aux Etats-Unis par exemple, les franchissements terrestres avec le Mexique et le Canada sont vingt-quatre fois plus nombreux que les arrivées étrangères par voie aérienne.

Les frontières sont du temps inscrit dans l'espace ; elles restent des buttes-témoins du passé ou des fronts vifs, selon les conjonctures locales, toujours des lieux de mémoire et parfois de ressentiment. Si ces lignes, dans la représentation du monde, tendent à perdre de leur importance – pas partout –, elles semblent gagner en signification, même lorsqu'elles s'énoncent en creux dans la rhétorique dominante du « sans frontières », discours aussi bienvenu quand il envisage une connexion solidaire et responsable entre les humains qu'insignifiant quand il voudrait résumer le monde à un marché lisse. Je soutiens que le monde, pour être vivable, a besoin de frontières, ce troisième élément entre les cultures et l'humanité, que l'on voudrait invisible et qui reste néanmoins nécessaire. Les chroniques frontalières[11] que je présente en annexe (page 187) sont une démonstration sans appel de l'actualité de cette problématique territoriale qui illustre la persistance, dans ce domaine, de la philosophie westphalienne.

1

Régler les frontières

Dans la nouvelle phase historique de règlements frontaliers entre Etats anciens s'observe une réalité se situant à l'inverse de l'affirmation de la fin programmée des Etats-nations dans un monde réputé sans frontières. On assiste à un processus généralisé de reterritorialisation des Etats, provoqué selon les cas par la fin d'un cycle impérial et l'accès à l'indépendance, par une stratégie d'extension vers les marges internes du pouvoir central dans les Etats anciens, par la gestion des points de contact et d'ouverture avec le vaste monde dans les Etats qui ont changé l'échelle de référence de leur stratégie économique. S'y ajoute depuis quelques années la préoccupation sécuritaire, qui marque sans doute le début d'un cycle plus global où des régions contestées deviennent des sanctuaires pour des activités dissidentes à large impact.

La fonte du glacis soviétique a eu un effet immédiat sur les voisinages directs de la Russie. La séparation, partielle, de la Russie d'avec son empire a conduit de grands Etats comme la Chine, soucieux d'éviter une remise en cause de leur contrôle des régions périphériques, à régulariser leurs frontières, c'est-à-dire à mieux englober les aires où les minorités sont majoritaires. Le Vietnam a suivi, poursuivant une stratégie d'inclusion des hauts plateaux. Au Moyen-Orient, les configurations héritées du cadre franco-britannique des années 1920 sont lézardées au Liban par la Syrie, en Irak par la radicalisation des communautés provoquée par l'intervention américaine et les ingérences saoudiennes et iraniennes, en Turquie par le PKK et dans la région par les aléas de la politique territoriale israélienne. Là aussi, face à ces risques, l'Arabie Saoudite a consolidé ses limites et clarifié les périmètres des zones d'exploitation pétrolière.

Les frontières du pays du milieu

La Chine, pays du milieu, se pense par rapport aux Etats extérieurs[1]. Son ascension pacifique[2] implique une affirmation d'un statut régional à objectif stabilisateur en direction de voisins tributaires qui constituent son espace de sécurité. Sa politique frontalière doit être perçue comme une preuve de ses intentions pacifiques.

Ainsi comprend-on que ce pays singulier ait continué de régler ses longues frontières terrestres avec la plupart de ses voisins, sauf l'Inde et le Bhoutan – 22 117 km avec 14 Etats –, en deux étapes. La première avait intéressé la Corée du Nord, la Mongolie, le Myanmar, ancienne Birmanie, le Népal, le Pakistan et l'Afghanistan entre 1960 et 1963, dans le contexte de la rupture avec Moscou, du conflit armé avec l'Inde sur l'Aksai Chin himalayen et du montage d'alliances avec le Pakistan et la Birmanie. Auparavant, Pékin avait dû concéder le contrôle de la Mongolie extérieure à l'Union soviétique dès 1924 et avait pu faire reconnaître par l'Inde sa suzeraineté sur le Tibet en 1954. Pour le reste, ces accords correspondent à des renégociations par la République populaire de Chine, manière d'effacer le siècle de la honte et les traités inégaux, tout en assurant quelques gains territoriaux au nord du Pakistan, du Népal et de la Birmanie et plus récemment à l'est des montagnes du Kirghizstan. En commençant par le sud, la Birmanie, voie d'accès du Sichuan et du Yunnan à l'océan Indien, et le Népal, Etat tampon entre Inde et Tibet sinisé, puis l'allié pakistanais juste après la guerre sino-indienne d'octobre 1962, bénéficiaire d'une route de l'amitié – Karakorum Highway – et l'Afghanistan, à l'est du corridor de Wakhan qui servait depuis 1893 à séparer la Russie de l'empire des Indes. Il a fallu attendre janvier 2011 pour que l'accord de démarcation de la dyade avec la Chine dans les montages du Pamir devienne effectif après un siècle et demi d'incertitude et de différend.

La seconde étape a commencé en 1991 quand la Chine a tiré la leçon de la fonte du glacis stratégique russo-soviétique et de son impact sur le Xinjiang et le Tibet. Sa stratégie de « montée pacifique » articule la consolidation de son enveloppe avec le Laos et le Vietnam, les Etats d'Asie centrale et la Russie, à une ambition régionale d'affirmation de son statut de puissance asiatique alors que l'influence russe déclinait, et à une politique interne d'intégration, de sinisation et de sécurisation de ses marches continentales. Dès après 1991, une diplomatie active s'est employée à résoudre les contentieux territoriaux, à normaliser les relations bilatérales et à nouer des accords économiques ambitieux. Mais l'ouverture économique attendue vers de nouveaux marchés et l'accès aux gisements d'énergie emportaient le risque de favoriser les oppositions nationales des Ouïgours et des Tibétains. La Chine a signé des traités qui pour elle valent réassurance sur son intégrité territoriale, en priorité sur l'appartenance à l'espace chinois du Xinjiang – « nouvelle frontière » – et du Tibet, et sont complétés d'accords bilatéraux de sécurité – incluant l'assistance aux gardes-frontières comme avec le Tadjikistan –, et du maintien d'une forte présence militaire chinoise dans ces deux régions dont les nouvelles infrastructures ont une vocation stratégique.

Le commerce transfrontalier est en croissance, favorisé par l'ouverture, très progressive, des cols himalayens et de nouvelles routes plus directes au sud et à l'ouest – Xinhua a annoncé en avril 2007 la construction de douze routes reliant le Xinjiang à des villes d'Asie centrale et du Pakistan, dont un nouvel axe d'Urumchi à Tachkent – et l'aménagement de comptoirs à fonction de ports de commerce terrestres à l'ouest. L'essor des échanges participe du désenclavement des marches occidentales, au titre de la campagne « ouverture de l'ouest » lancée en 2000[3]. Pour « revitaliser les frontières et enrichir le peuple », un plan courant de 2007 à 2010 est en cours dans les régions frontalières éloignées ; il vise les minorités et comporte un programme de sédentarisation des semi-nomades et des bergers.

Chine et Russie : plus de trois siècles de délimitation

Le 14 octobre 2004, la Chine et la Russie sont enfin parvenues à s'accorder par traité sur leurs frontières communes[4]. C'est la fin d'un cycle de longue durée, ponctué de tensions et amorcé en 1689 avec le traité de paix et des limites de Nertchinsk, à la suite d'une victoire mandchoue sur les Russes, qui fixa un segment sur la vallée de l'Argoun. Le traité postérieur – Aïgoun en 1858 – fixant une limite sur l'Amour/Heilongjiang devait assurer une double juridiction sur les terres situées entre la section nord-sud de l'Oussouri et le littoral de la mer du Japon ; elles furent annexées par la Russie dès 1860. La perte d'une très longue façade maritime – 1 600 km – située entre l'embouchure de l'Amour et celle de l'Oussouri, face à Sakhaline, fonda la représentation chinoise de traités inégaux. Elle portait sur l'actuel territoire de Primorié et non, comme on le lit parfois, sur la Sibérie ou l'Extrême-Orient russe dans son ensemble. Elle fut source de demandes jamais satisfaites de révision qui perdurèrent jusqu'à la reprise des négociations cent vingt ans plus tard, à l'initiative de Gorbatchev qui voulait, après son discours de Vladivostok, éviter le risque d'un second front[5] et proposa un accord de réduction des forces militaires et des mesures de confiance dans la zone frontière en avril 1990.

Après 1991, la dyade sino-soviétique s'est subdivisée, à l'ouest de la Mongolie, en quatre segments. Les négociations reprirent avec la formule « 4 + 1 », format doté de deux commissions, l'une sur la réduction des armements et des forces – sur une bande de 100 km, avec des inspections conjointes –, l'autre sur la fixation définitive et la démarcation des tracés. Ce format a donné naissance à l'Organisation de coopération de Shanghai, incluant l'Ouzbékistan, comme partie prenante d'une convention visant à réprimer « le terrorisme, le séparatisme et l'extrémisme[6] ». Le traité sino-russe de 1997 confirma ceux passés en 1858-1860 ; il fut complété d'un accord de partage de quelque 2 444 îles fluviales inhabitées[7].

La stratégie du 50/50

La méthode en trois étapes est symptomatique de ces règlements contemporains : négocier d'abord sur les segments qui ne font pas problème ; signer et appliquer l'accord de délimitation, qui ne vaut pas pour les zones en suspens ; rechercher alors pour ces dernières un « compromis mutuellement acceptable ». Les deux parties eurent beau évoquer l'esprit du « cinquante-cinquante » de leurs réunions, cela n'a pas débouché sur un partage égal en nombre – 1 163 îles pour la Russie, 1 281 pour la Chine – ou en superficie, complété d'une formule d'« usage commun » ultérieur, compte tenu des réticences des autorités locales. Cette approche a permis de présenter chaque partie comme victorieuse[8]. Il est vrai que des mesures de confiance stratégique, c'est-à-dire de diminution des effectifs et installations militaires, avaient précédé les accords techniques.

Ouverture de nouveaux postes, réhabilitation des voies ferrées, projets de ponts, accords de navigation fluviale ont favorisé la croissance, irrégulière, du commerce frontalier qui est estimé à 20 % du commerce bilatéral total – 30 milliards de dollars en 2005. Celui-ci anime des doublets comme Suifenhe et Grodekovo ou Heihe et Blagovchtchensk, avec une dissymétrie croissante entre les deux, au profit de la ville chinoise. La signature d'accords de circulation des personnes entre administrations locales et entre entreprises a favorisé l'immigration chinoise, sans que des chiffres fiables puissent être avancés : 400 000 immigrants semblent une estimation plausible, ainsi qu'un petit million de passages aller et retour[9]. Cette circulation nouvelle, qui n'avait commencé qu'après la politique de normalisation lancée par Gorbatchev, a suscité des émois et des tensions locales en Russie, surtout dans des régions d'Extrême-Orient dépeuplées – 7 millions d'habitants, dix fois moins que le Heilongjiang et le Jilin – et en crise économique. L'ouverture des villes frontalières chinoises en 1992 – Heihe, Tongjiang et Suifenhe, l'accès à Vladivostok –, conçues comme des territoires de modernisation au même titre que les zones économiques spéciales côtières, a entraîné une croissance rapide des flux dans une Asie du Nord-Est longtemps à l'écart de la libre circulation. Le risque migratoire est perçu en Russie comme relevant de la sécurité nationale, surtout lorsque Pékin demande une libéralisation de la circulation des personnes. Voilà qui s'inscrit dans une stratégie cohérente de conquête de marchés, sous le contrôle de firmes chinoises favorisant les migrations, y compris par un recours croissant aux visas touristiques. L'installation d'un système sino-russe d'analyse et d'information des migrations internationales en 2000 – CMIAS – pour couvrir l'aire étendue de Vladivostok à Irkoutsk vise à coordonner la surveillance des flux. Enfin, la Chine a achevé fin 2006 l'édification d'une barrière longue de 1 400 km en face de la Corée du Nord pour prévenir les migrations. Au sud-ouest de Vladivostok, la zone tripartite de coopération sur le fleuve Tiumen lancée en 1995 reste suspendue à la question nord-coréenne.

Le vieil adage chinois « pour avoir de bons voisins, il faut avoir une bonne clôture » semble rendu obsolète par la « montée pacifique » de la Chine et sa stratégie de croissance économique rapide et d'ouverture des espaces frontaliers, condition de l'accès aux marchés et aux ressources. La méthode poursuivie s'apparente au jeu de go, comme le remarquait Henry Kissinger, qui se déploie sur l'ensemble de l'espace, y compris sur ses bords, avec l'objectif d'accroître les options, de réduire celles de l'adversaire, le but final étant moins la victoire qu'un progrès stratégique constant. D'où la constance de son intérêt pour son voisinage immédiat, y compris maritime, et une position de négociation visant à garantir des gains territoriaux là où le flou des traités antérieurs et les configurations naturelles le permettent, dans la perspective de contrôle des axes routiers et fluviaux, des cols et des passages qui sont jugés essentiels dans sa stratégie géoéconomique à long terme.

Inde et Chine : l'énigme de contentieux persistants

Le contentieux territorial entre les deux Etats les plus peuplés du monde paraît sans fin. Les représentants spéciaux se sont rencontrés à dix reprises en cinq ans, le groupe de travail quinze fois depuis 1988 et des incidents peu commentés – février 1997, juin 2003, avril 2005 – précèdent souvent les visites officielles qui se succèdent depuis la décision en 2005 de former un partenariat entre deux acteurs majeurs d'un monde polycentrique. En fait, ces deux pays qui se connaissent mal sont en rivalité pour l'accès aux ressources et aux marchés et à propos de leur rang international : l'Inde veut devenir membre permanent du Conseil de sécurité de l'ONU et s'est rapprochée des Etats-Unis ; la Chine se veut active dans l'océan Indien, est alliée du Pakistan et de la Birmanie, qui offrent des débouchés maritimes, entend accélérer l'intégration économique et physique du Tibet et y ouvrir les voies de transit vers l'Inde.

Formellement, les contentieux portent sur l'Aksai Chin, glacier de 38 000 km^2 conquis en 1962 par l'armée chinoise et dont l'ouest est situé au Cachemire, et l'Arunachal Pradesh, Etat himalayen de 90 000 km^2, revendiqué par Pékin, qui s'intéresse notamment au secteur du monastère de Tawang, lieu de naissance du 6e dalaï-lama et donc preuve de l'appartenance de ce territoire au Tibet. En réalité, ce qui intéresse la Chine est la région de Tawang, qui occupe aux confins du Tibet et du Bhoutan une position stratégique majeure sur la voie la plus directe entre Lhassa et l'Assam, traversé par le Brahmapoutre, et le port de Chittagong au Bangladesh. Le Bhoutan est placé sous la protection de l'Inde. Les experts indiens rappellent à l'occasion l'ambiguïté chinoise sur ses limites méridionales, exprimée par

Mao : le Tibet est la paume de la main, qui compte cinq doigts : Népal, Sikkim, Bhoutan, Ladakh et les Etats frontières du Nord-Est. La revendication chinoise sur le nord-est indien a été encore rappelée la veille de la visite du président Hu Jin Tao à New Delhi en novembre 2006. Dans le même temps, la réouverture de la voie ferrée Lhassa-Kolkata (Sikkim) par le col de Nathu La, après quarante-quatre ans d'interruption, a été acquise à la suite d'un accord de reconnaissance du caractère indien de l'ancien royaume bouddhiste du Sikkim – qui figure désormais en territoire indien sur les cartes chinoises – en échange de l'arrêt des protestations indiennes sur les droits de l'homme au Tibet. Autrement dit, la reconnaissance frontalière en échange d'un silence ambigu.

Après la guerre de 1962, la Chine avait conquis l'Aksai Chin, plateau où passe la route principale entre Lhassa et le Xinjiang, et avait dû se retirer de l'Etat d'Arunachal Pradesh jusqu'à la ligne actuelle de contrôle – LaC – qui suit la ligne Mac-Mahon fixée en 1914 par les Britanniques, les Chinois et les Tibétains. En 1993, la Chine et l'Inde signèrent un accord de réduction des tensions et de respect de la ligne : notification à l'avance de déplacements de troupes, zone de non-survol de 10 km, échange de cartes. Ces mesures de confiance n'ont pas inclu une réduction des forces militaires ; pour l'état-major indien, la Chine – et ses stocks d'armement au Tibet, son appui au Pakistan et ses activités navales sur les côtes birmanes – reste identifiée comme la menace principale, ce qui interdit toute concession. L'état-major juge qu'un conflit tournerait au désavantage de l'Inde en raison de la supériorité militaire chinoise, qui est nette dans les zones montagneuses de l'Himalaya. On se refuse à New Delhi à un échange entre l'Aksai Chin et Tawang. Comme l'a indiqué Brajesh Mishra, responsable de la sécurité nationale, l'Inde, sous l'influence de l'*ashima* ou politique de non-alignement, a mis du temps à se doter d'une culture stratégique. Rien ne prouve au surplus qu'elle puisse tirer parti du développement de cette relation diplomatique et économique bilatérale. En clair, le contentieux frontalier n'est pas prêt d'être soldé. Il sert à fixer l'Inde en Asie du Sud.

Face à la Chine, l'Inde veille sur les évolutions politiques du Bhoutan et du Népal, qui fonctionnent comme deux Etats tampons, selon la tradition britannique. La fin de la démarcation de la limite indo-népalaise en juin 2007 laisse en suspens 54 contentieux locaux, en raison de la poussée de paysans indiens du Bihar et de l'Uttar Pradesh sur les régions basses et les cônes de déjection du Terai, qui regroupe la moitié de la population népalaise. Le changement de cours saisonnier des rivières comme la Narayani favorise les modifications des tenures. Pour contenir d'éventuelles infiltrations d'activistes maoïstes népalais, l'Inde a militarisé le segment occidental de la dyade, déployé une dizaine de milliers de paramilitaires et établi 260 points de contrôle. De plus, l'Inde garde une présence militaire dans le nord-ouest du Népal, dans la zone de Kalapani, depuis la guerre sino-indienne de 1962, pour surveiller les activités militaires chinoises. Cette frontière, qui était de libre passage depuis 1816, fait l'objet de contrôles renforcés de la part de New Delhi[10].

ASIE DU SUD-EST : LES PLUS ANCIENNES FRONTIÈRES DU MONDE

L'Asie du Sud-Est est à son tour entraînée dans un mouvement de régularisation des frontières qui sont pourtant parmi les plus anciennes du monde. La longue histoire du Vietnam peut se lire comme un effort permanent pour faire respecter sa façade septentrionale avec la Chine et comme une expansion continue vers le sud et vers l'ouest, selon une conception empruntée à la Chine, celle d'une culture apportant la civilisation et promouvant une vision dynamique de la frontière. D'où le triple problème séculaire des relations avec la Chine, le Laos et le Cambodge. L'indépendance du pays viêt en 968 avait érigé en frontière d'Etat une limite administrative interne à l'aire chinoise datant de 264. Dans ses grands traits, elle fut confirmée par les commissions de délimitation franco-chinoises de 1887 à 1895. Les cartes étaient des nécessités d'Etat, car elles figuraient clairement des repères frontaliers. Elles accompagnaient des traités de géographie dont on conserve la trace depuis le XIe siècle, comme l'*Atlas des régions frontalières du nord et du sud*, établi sur ordre du roi Ly Anh Tong (1133-1175) lors d'une tournée d'inspection. Cinq siècles avant la création en France d'un corps de géographes du roi par Henri IV, dont la première mission fut de cartographier les places frontières. L'enjeu a toujours été d'énoncer l'identité géographique du pays viêt en soutenant que le droit du souverain vietnamien à régner sur ses domaines était ordonné par la volonté céleste. Une frontière au caractère unique en Asie du Sud-Est, mettant en contact deux Etats de civilisation confucéenne et se situant dans une zone pluriethnique de peuples minoritaires, puisque les Viêt ne sont que 10 % de la population dans les provinces de Cao Bang et de Lang Son[11]. Une frontière vulnérable mais linéaire depuis un millénaire, fait unique dans la région.

Dans cette histoire millénaire, là encore, la date de 1991 est un tournant. Le Vietnam perd l'allié soviétique et entame aussitôt une normalisation de ses relations avec Pékin, treize ans après la courte et violente « guerre des frontières » avec la Chine, le minage de la limite nord, l'occupation par les armées chinoises de plusieurs dizaines de sites d'intérêt tactique ou stratégique et la fermeture des points de passage. La leçon, selon les termes de Deng Xiaoping, infligée au Vietnam coupable de l'occupation militaire du Cambodge, avait été accompagnée du renforcement des positions chinoises dans l'archipel des Spratly, en mer de Chine méridionale, lui-même succédant à la prise de contrôle des îles Paracel en 1974 dont la garnison sud-vietnamienne fut délogée. On sait que le contentieux sur la mer de Chine méridionale est permanent et non soldé ; en 1992, après la normalisation, le Parlement chinois instaura la souveraineté chinoise sur 80 % des eaux.

Le 27 décembre 2001 était plantée la première borne de la frontière régularisée, à Mong Cai ; elle en comptera 1 500 et la démarcation doit s'achever en 2008, en application des provisions de l'accord de délimitation de décembre 1999, suivi un an plus tard d'une déclaration conjointe sur les frontières maritimes du golfe du Tonkin, dont la négociation avait été dissociée, contrairement aux souhaits initiaux du Vietnam[12]. Dans l'intervalle, le Vietnam avait renforcé sa main en se rapprochant des Etats-Unis – accord commercial en juillet 2000, visite historique de Bill Clinton en novembre de la même année. Le facteur déterminant est la modernisation économique – lancée sous le nom de Doi Moi, politique de renouveau, dès 1986 – et donc la nécessité de l'ouverture, le Vietnam ayant besoin de l'appui chinois pour rejoindre l'OMC. Du point de vue chinois, l'ensemble de l'Asie du Sud-Est est à la fois un marché prometteur, une zone d'implantation d'entreprises, une source de matières premières et l'interaction aux frontières avec le Vietnam, le Laos et le Myanmar une base pour favoriser le développement et le désenclavement des provinces méridionales du Guangxi et du Yunnan. Avec l'apport de la contribution chinoise à la Banque asiatique de développement, des projets de routes entre le Yunnan, le Laos et la Thaïlande, de Kunming à Bangkok, d'un nouveau pont à Ban Houei Sai sur le Mékong, la construction de cinq barrages sur la partie chinoise en amont et son aménagement là où il marque la frontière entre Laos et Myanmar pour faciliter le commerce fluvial signalent l'intérêt de l'accès aux ressources dont la Chine a besoin. L'ouverture des postes terrestres s'inscrit dans la perspective de la zone de libre-échange entre la Chine et l'ASEAN – Association des Etats de l'Asie du Sud-Est – prévue en 2010-2015.

La signature de l'accord frontalier a fait l'objet de vives critiques d'une partie de l'intelligentsia vietnamienne et de la diaspora en raison des concessions territoriales qui auraient été consenties par le gouvernement d'Hanoi dans des clauses non rendues publiques. Ainsi, la fameuse Porte de la Chine, au nord de Lang Son, symbole de la frontière du nord, se trouve désormais en territoire chinois. Le règlement des 70 litiges frontaliers remettrait à la Chine 36 des points contestés. De même, le golfe du Tonkin aurait été divisé selon une répartition 53 % pour le Vietnam et 47 % pour la Chine alors que les accords Patenôtre de 1885 en attribuait 62 % à la France. Il est vraisemblable que des concessions ont été faites pour obtenir une régularisation définitive. Il est certain que les opposants trouvent là un terrain de critique au nom de valeurs patriotiques qui font quasi-unanimité. Le journaliste Nguyen Vu Binh, libéré deux semaines avant la visite du président vietnamien aux Etats-Unis, début juin 2007, avait été arrêté en 2002 pour espionnage en raison d'un article critique mis en ligne. L'insistance chinoise à présenter les accords comme inspirés par une logique « gagnant-gagnant » – Xiao Jianguo, chef du département des traités et lois à Pékin – vaut-elle confirmation des doutes émis ?

Avec ses voisins de l'ouest et du sud-ouest, le Vietnam a historiquement eu une logique d'expansion. Michel Blanchard a détaillé le contentieux non résolu entre le

Vietnam et le Cambodge, opposant logique de conquête de paysans colons et défense du territoire face à « l'envahisseur vietnamien », mais aussi irrédentisme cambodgien dès lors que le territoire était défini comme celui où résident des Khmers[13]. « Le sentiment antivietnamien apparaît comme le carburant majeur du nationalisme cambodgien » pour la grande majorité des partis. L'article 2 de la Constitution promulguée en 1993 par Sihanouk affirme : « L'intégrité territoriale du Royaume du Cambodge est absolument inviolable dans ses frontières délimitées sur les cartes au 1/100 000 dressées entre les années 1933-1953 et internationalement reconnues entre les années 1963-1969. » C'est sans doute la seule constitution au monde qui se réfère à des cartes ; c'est assez dire la perception d'insécurité spatiale qui pèse sur un pays qui doit faire le deuil d'anciennes limites plus avantageuses et d'un irrédentisme latent[14].

Michel Bruneau rappelle que bloquée au nord, la dynamique territoriale vietnamienne n'a pu se produire qu'au sud et à l'ouest. Des avancées rythmées par l'édification de « murailles de pacification des barbares » – 1819, 1866 –, c'est-à-dire contre les incursions des montagnards contre les régions d'administration directe. Même poussée de huit siècles au sud, aux dépens du Champa et des royaumes khmers. La colonisation française, en fixant en 1907 une limite d'administration interne entre Khmers et Vietnamiens, a permis de préserver le Cambodge, pris en tenaille entre les poussées siamoise à l'ouest et vietnamienne à l'est et aujourd'hui Etat-tampon. Une série de traités ont été signés en 1985, 2004 et 2006, sur la base des tracés existant sur les cartes originales de la période coloniale et la démarcation a commencé sur un sixième de la longueur ; elle doit s'achever en 2008. Cette fois, par souci de précaution, la Commission de l'idéologie et de la culture du comité central du Parti communiste vietnamien, renouvelé lors du Xe congrès d'avril 2006, a organisé une conférence de présentation du traité en décembre 2006.

Des traités comparables ont été signés entre les autres Etats, y compris entre Thaïlande et Laos, bien que leur dyade suive le Mékong dûment cartographié en 2003 pour dépasser les contentieux de détail liés aux différences d'échelles des cartes des négociateurs. Un double abornement sur les rives a été terminé en 2003[15].

L'affaire du temple de Préah Vihar : frontière, cartes et tourisme

Un contentieux ne cesse de perturber la relation historiquement difficile entre le Cambodge et la Thaïlande, le temple de style khmer angkorien de Préah Vihar, situé sur un éperon de la chaîne des Dangrek, 600 mètres au-dessus de la plaine cambodgienne et dont l'accès doit s'effectuer par une route passant en Thaïlande. Il a été ravivé par l'essor du tourisme et la demande cambodgienne du classement du temple comme site du Patrimoine mondial de l'humanité par l'Unesco. La décision a été reportée[16] en raison des objections de la partie thaïlandaise qui exige au préalable une structure de gestion conjointe des activités touristiques autour du temple et la démarcation de la frontière. Celle-ci avait été arrêtée par la Cour internationale de justice en 1962, qui avait adjugé au Cambodge la souveraineté sur Préah Vihar en précisant que la Thaïlande était tenue de retirer tous les éléments de forces armées, de police ou gardiens qu'elle avait installés dans le temple ou dans ses environs situés en territoire cambodgien, de restituer au Cambodge les sculptures, stèles, fragments des monuments, maquettes en grès et poteries anciennes qui, depuis la date de l'occupation du temple par la Thaïlande en 1954, auraient pu être enlevés du temple ou de la zone du temple par les autorités thaïlandaises. Le litige a son origine dans les règlements de frontières effectués de 1904 à 1908 entre la France et le Siam. La convention du 13 février 1904 avait établi une frontière dont le tracé exact devait être délimité par une commission mixte franco-siamoise. Dans le secteur oriental des Dangrek, où se trouve Préah Vihar, la frontière devait suivre la ligne de partage des eaux. En vue de la délimitation de cette frontière, il avait été convenu le 2 décembre 1906 que la commission mixte ferait route le long de la crête des Dangrek en effectuant toutes les reconnaissances nécessaires et qu'un officier topographe de la section française de la commission lèverait toute la partie orientale de la chaîne. Ce qui fut fait. En janvier-février 1907, le président de la section française rendit compte à son gouvernement que le tracé de la frontière avait été définitivement arrêté. Il semble donc évident qu'une frontière a été levée et déterminée, bien qu'il n'y ait trace d'aucune décision.

Le point final de la délimitation était la préparation de cartes. Le gouvernement siamois, ne disposant pas des moyens techniques suffisants, avait demandé que des officiers français établissent les cartes des régions frontières. Ces cartes ont été dressées à l'automne 1907 par une équipe dont plusieurs membres avaient fait partie de la commission mixte, et elles furent communiquées au gouvernement siamois en 1908. Parmi elles figurait une carte des Dangrek situant Préah Vihar en territoire cambodgien. C'est sur cette carte que le Cambodge fonde principalement sa prétention à la souveraineté sur le temple. Mais la Thaïlande répond que, n'étant pas l'œuvre de la commission mixte, ladite carte n'a aucun caractère obligatoire ; qu'elle indique une frontière ne correspondant pas à la véritable ligne de partage des eaux, laquelle placerait le temple en Thaïlande ; qu'elle n'a jamais été acceptée par la Thaïlande ou, subsidiairement, qu'elle ne l'a été que parce que la Thaïlande croyait par erreur que la frontière marquée suivait bien la ligne de partage des eaux. La conclusion de la cour fut que la Thaïlande avait accepté le tracé de la frontière à Préah Vihar tel qu'il est marqué sur la carte, qu'il corresponde ou non à la ligne de partage des eaux.

La frontière n'est plus contestée formellement mais, devenant une ressource comme voie d'accès au temple, l'absence de démarcation et les contraintes topographiques ont placé la partie thaïe en position de force pour en obtenir une gestion conjointe.

L'ancienneté des relations diplomatiques, des bornages et des traités, repris pendant la période coloniale sous formes de limites administratives ou internationales, n'a pas empêché les conflits territoriaux. Il n'existe pas de structure de sécurité collective en Asie de l'Est et Sud-Sud-Est ; et le recours à la CIJ est rare – sauf cas du différend maritime entre l'Indonésie et la Malaisie. La Chine est trop puissante pour qu'émerge le projet d'une quelconque union asiatique. L'intégration de ces Etats dans l'ASEAN (Association des Etats de l'Asie du Sud-Est) – constituée en 1967 contre le Vietnam, qui fut admis en 1995 après avoir changé de politique vis-à-vis du Cambodge – et notamment dans son Forum régional formé en 1994 et actif dans la diplomatie préventive est un facteur de stabilisation régionale et un outil de gestion d'une interaction asymétrique, du faible au fort, entre l'ASEAN et la Chine, en faisant valoir les règles du droit international, notamment maritime. La régularisation frontalière est donc la double conséquence géopolitique de la sortie de la guerre froide en Asie et de la haute croissance et des flux nouveaux qu'elle engendre à partir du sud de la Chine[17]. La Commission du Mékong créée en 1995 est un organisme intergouvernemental dont le secrétariat est à Phnom Penh et regroupe cinq Etats péninsulaires d'Asie du Sud-Est plus la province du

Yunnan. Elle traite des questions de transport et d'infrastructures, avec l'appui de la BAD (Banque asiatique de développement) et de l'ASEAN. Le désenclavement est à l'ordre du jour. Il a pour objectif et pour effet principal de bénéficier à la puissance chinoise qui étend son champ d'activité économique sur son sud, Birmanie et Laos. La marche vers le sud a repris.

MOYEN-ORIENT : COMMENT DESSINER DES LIGNES DANS LE SABLE ?

Pendant des décennies, les atlas signalaient l'absence de tracés dans une partie de la péninsule Arabique, lacune quasi unique au monde. Cette période prend fin et l'élan d'abornement touche à son tour les vastes étendues arides du Moyen-Orient. Mais comment tracer des frontières efficaces sur le sable ? Hier, par des frontières au cordeau ; demain, par la surveillance électronique. Dans les deux cas, sous la houlette des grandes puissances protectrices de leurs intérêts et de leurs clientèles. Hier comme aujourd'hui, la gestion des frontières renvoie à la question du manque de cohésion des Etats ainsi constitués et au déficit de reconnaissance mutuelle. La Syrie n'a toujours pas d'ambassadeur à Beyrouth. L'Irak est travaillé par des forces centrifuges, depuis toujours, et n'a jamais vraiment accepté la perte du Koweït et la réduction de son débouché maritime sur le Chatt al-Arab. Quant à la Cisjordanie, son destin étatique dépend du règlement final du partage de l'ancienne Palestine mandataire. Les émirats côtiers du Golfe sont assez prospères pour se ménager des protections et des formes de réassurance. Bref, on ne peut guère comprendre les crises multiples qui affectent l'Asie occidentale sans garder à l'esprit les conditions exogènes de la formation de ces Etats territoriaux, faibles, autoritaires et rentiers. Le conflit israélo-palestinien est, dans cette perspective, un élément parmi d'autres d'un puzzle instable et non une cause première comme on feint de le croire dans cette partie du monde, excuse au maintien de régimes autoritaires.

Dans les années 1920-1930, avaient été tracées des frontières au cordeau, en fonction des intérêts français et britanniques. Les premiers s'intéressaient à leurs protégés libanais et syriens, les seconds aux couloirs de circulation entre la Méditerranée et le golfe arabo-persique, étapes sur la route des Indes, les deux aux nouvelles ressources pétrolières. Les seules limites majeures préexistantes correspondaient aux contacts avec les empires ottoman et perse. Les empires musulmans avaient eu une pratique très précise de la gestion de ces frontières-là, dans leurs fonctions militaire et fiscale. L'unité « naturelle » du monde arabe fut une puissante représentation géopolitique habilement mobilisée par les Britanniques pour bouter l'Ottoman hors des déserts arabiques et des rives des fleuves de la Mésopotamie. Les périmètres dessinés sur des cartes, enrichis par les explorations des géologues, fonctionnèrent comme des frontières *a priori*, comme le cadre de territoires à réorganiser au plan politique. Les limites antérieures correspondaient à une combinaison d'arrangements anciens répartissant des aires de parcours et de pâturages et des points d'eau entre les grandes tribus selon leur allégeance et aux accords successifs passés entre les Saoud et les cheikhs de l'est de la péninsule Arabique et les Britanniques – protectorat d'Aden. Le tout sur fond de rivalités entre les compagnies pétrolières britanniques, françaises et américaines. Bien des secteurs n'étaient pas délimités et faisaient l'objet de revendications territoriales. Ainsi, l'Arabie ne devint saoudite, en 1929, qu'une fois contenue dans les limites d'un territoire défini de l'extérieur, après l'écrasement par Ibn Saoud, avec l'aide des Anglais, de la rébellion néowahhabite des Ikhwan. Les frontières au cordeau tracées en Mésopotamie créèrent des Etats « déformés », Irak et Syrie, ou des Etats de toutes pièces, comme la Transjordanie, actuelle Jordanie[18].

Après l'indépendance des émirats côtiers – 1971 –, la réunification du Yémen – 1990 – et l'invasion du Koweït par les forces irakiennes – 1990 –, les Saoudiens ont entrepris de renégocier ou de modifier les arrangements antérieurs, y compris lorsqu'ils furent imposés par Londres, et de faire entériner les conquêtes des années 1930 – Asir, Jizan – et 1950 – oasis de Buraimi : conclusions d'accords bilatéraux – Arabie Saoudite-Oman en 1990, Oman-Yémen en 1992 et Oman-Emirats arabes unis en 1999, Arabie Saoudite-Qatar en 2001 –, qui ont été complétés de négociations sur les frontières maritimes, qui sont loin d'être achevées ; enregistrement des textes à l'ONU, démarche nouvelle de la part des Saoudiens et signal de réassurance envoyé à ses voisins plus faibles, mais conscients du passé, de l'est et du sud ; volonté des Etats du Conseil de coopération du Golfe après la guerre du Koweït et la prise de contrôle par l'Iran de l'île d'Abou Mousa dans le détroit d'Ormuz – 1992 – d'achever la configuration politique de la péninsule Arabique. En outre, l'exploration des hydrocarbures a concerné de nouveaux gisements dans les années 1990, souvent situés dans des zones frontalières, source de nouveaux incidents ; pour les prévenir, notamment dans les aires de gisement transfrontalier – Shaibali-Zarrara, entre Arabie Saoudite et Abu Dhabi –, la démarcation a été accélérée, sous-traitée au plan technique à des firmes occidentales de géodésie. Elle n'est pas terminée.

Au terme de soixante-six années de disputes, un accord de délimitation a été signé entre l'Arabie Saoudite et le Yémen en mai 2000 – traité de Djeddah –, suivi d'une démarcation achevée en 2003 et, en application de celle-ci, du retrait croisé de plusieurs positions – aéroport militaire d'al Budaih, et cinq avant-postes. L'Arabie Saoudite a atteint son objectif de « frontière finale et permanente » ; en reprenant les termes du traité initial signé à Taëf en 1934, pour une période de vingt ans qui fut reconduite deux fois, le traité mettait fin à l'irrédentisme yéménite sur les provinces de Jizan et Najran annexées en 1934. Ce faisant, le Yémen obtenait la garantie ex post que son unification, longtemps récusée par les Saoudiens, était définitivement reconnue. La découverte de pétrole dans la région de Marib, placée à la limite du Yémen sur certaines cartes saoudiennes, donna lieu fin décembre 1994 à des incidents à l'est du lieu où finissait la démarcation définie à Taëf. Les négociations débutèrent en 1995, les Saoudiens écartant de l'accord final une annexe à caractère économique avancée par Sanaa qui avait besoin pour sa stabilité interne de pouvoir accéder de nouveau au marché du travail saoudien, après l'expulsion des travailleurs yéménites consécutive à l'unification du pays et aux orientations proirakienne et projordanienne prises par Sanaa dans lesquelles Riyad avait vu une tentative de démembrement du royaume. Le traité de 2000 fixe l'ensemble des coordonnées, à charge pour la firme privée Hansa Luftbild German Air Surveys de les matérialiser sur le terrain, tâche achevée en 2003 ; elle a équipé également les deux dyades avec Oman et le dispositif de rocades et postes militaires est nettement visible d'avion.

Les forces armées doivent se tenir à 20 km de distance de la ligne agréée et les accès aux parcours et aux points d'eau ont été maintenus sur une bande de 40 km. Ce tracé a été contesté par plusieurs puissantes tribus des deux côtés, les Waila et les Yam, arguant d'accords passés il y a deux siècles et demi. Le Yémen a obtenu la fin des revendications saoudiennes, notamment sur les gisements connus. Il reste que l'Arabie Saoudite a dénoncé des trafics d'armes passant dans des régions désertiques de l'Empty Quarter et a installé une barrière de 3 mètres de haut, construite sur un oléoduc hors d'usage rempli de béton, pour un coût d'un milliard de dollars, dans le no man's land prévu en 2000, dans la zone sous contrôle des Waila, qui la comparèrent à la clôture de sécurité israélienne. La construction a été arrêtée – 42 km ont été édifiés – en 2004, sur pression de l'Egypte et des Etats-Unis, qui ménagent Sanaa dans le cadre de la coopération contre les jihadistes.

Pour se protéger des risques induits par la déstabilisation de l'Irak, l'Etat saoudien a engagé un projet d'édification d'une barrière de plus de 800 km, faite d'une double rangée de barbelés surveillée par des caméras de vidéosurveillance, des détecteurs de mouvements et d'autres technologies non spécifiées. Cette barrière, à édifier en cinq ans, n'est pas présentée comme un mur de séparation mais comme un dispositif décidé en accord avec Bagdad[19]. Elle fait partie d'un programme d'ensemble rassemblant des moyens terrestres, aériens et maritimes, la construction de bases militaires, de postes de contrôle et de portes automatiques, qui vise à limiter la contrebande – notamment d'armes – et les passages illégaux et de parer à tout risque de migrations massives en cas d'effondrement de l'Irak. La géographie physique de ces étendues désertiques situées au nord du Nefoud, parcourues de cours d'eau temporaires, est une contrainte forte pour l'exercice des contrôles, d'autant que la limite recoupe des aires tribales. Le traité de Muhammarah (1922) avait stipulé de quelle entité relevaient les tribus, les Muntafiq, les Dhafir et les Amarat du côté de l'Irak et la puissante confédération des Shammar du côté du Nedj, et prévoyait la répartition des puits. On est loin de la période où Ibn Saoud refusa de fixer une ligne imaginaire dans le désert ouvert où les tribus sont habituées à se déplacer ; il l'admit à condition qu'elle ne comportât ni fortifications ni garnison et que la liberté d'accès des tribus du Nedj aux puits désormais irakiens fût reconnue. On redoute également des tensions importées dans les régions pétrolifères du nord-est, qui sont de peuplement saoudien chiite.

D'autres Etats de la péninsule Arabique ont la même stratégie : le Koweït vient d'achever sa barrière avec l'Irak, au sud de la zone démilitarisée en 1991, large de 15 km sur 190 km, avec concertina et barrière électrifiée, tranchée, patrouilles, complétée d'une clôture métallique en janvier 2004 sur 217 km (28 milliards de dollars). Les Emirats arabes unis édifient un dispositif renforcé avec Oman. L'ambassade américaine en Irak envisagerait, sur recommandation des unités de génie militaire, la mise en place d'un dispositif de séparation entre la Syrie et l'Irak, fait de miradors et de tours de contrôle, équipées de matériels acquis auprès de pays de l'Otan, pour enrayer les infiltrations.

PROCHE-ORIENT : DES FRONTIÈRES NI SÛRES NI RECONNUES[20]

Entre Jordanie et Syrie ont eu lieu des changements mineurs de tracés dus à l'occupation de secteurs disputés par les deux armées. La commission formée en 1992 s'est réunie pour la première fois en 2004 en décidant d'un retour aux tracés de 1928 et 1931 et d'un échange de terrains – 300 ha. La démarcation a été accélérée pour des raisons de sécurité.

La question de la démarcation de la dyade syro-libanaise ne relève évidemment pas de difficultés techniques. Damas n'a toujours pas d'ambassadeur à Beyrouth et le rêve sinon de « Grande Syrie », du moins d'une tutelle sur le Liban est toujours présent, au titre d'une capacité à maintenir les équilibres intercommunautaires et à sauvegarder des rentes commerciales. « Nous voulons une délimitation des frontières avec la Syrie et une reprise des relations diplomatiques avec Damas. Le Liban veut devenir une entité indépendante alors que l'opposition ne le veut pas », a déclaré Rafic Hariri[21] en écho aux propos de Kofi Annan : « J'ap-pelle la Syrie à accepter l'offre qui lui a été faite et à prendre des mesures pour établir des ambassades et délimiter la frontière entre les deux pays. » L'enjeu territorial ne se réduit pas à la question des fermes de Chebaa, secteur de 42 km^2 formant la partie nord du plateau du Golan, situées au Liban selon Damas qui ne signe pas les documents de transfert, et placées dans le Golan syrien pour Beyrouth. Ce secteur est un enjeu permanent de tension entre Israël et le Hezbollah. Il concerne le transfert illicite d'armes vers le Liban depuis la Syrie et l'Iran, en violation de la résolution 1701, confirmée par une mission dépêchée par l'ONU. Plus à l'est, la frontière entre l'Iran et la Turquie, aux échanges économiques en forte croissance, est ouverte et franchissable sans visas par le million de visiteurs iraniens annuel et un flux de plus de 250 camions journaliers. Des incidents récents ont révélé le rôle du transit ferroviaire dans l'acheminement d'armes. De même, la dyade syro-irakienne, issue des accords Sykes-Picot de 1916 qui avaient divisé les mêmes groupes tribus, reste ouverte. Compte tenu de la situation prévalant dans l'ouest de l'Irak, l'état-major américain envisageait de la fermer du côté irakien.

Du bon usage de limites héritées : le Programme Frontière de l'Union africaine

Comme en Orient, les Africains doivent s'accommoder de frontières tracées par d'autres. Ils y réussissent mieux que prévu. A Addis-Abeba, le 7 juin 2007, la conférence des ministres africains chargés des questions de frontière a lancé le Programme Frontière avec le double objectif de prévenir les conflits et de promouvoir l'intégration sous l'égide de l'Union africaine.

Constatant que moins du quart des lignes frontalières africaines sont aujourd'hui définies, que cette situation est porteuse de risques car elle engendre l'existence de « zones floues » à l'intérieur desquelles l'exercice de la souveraineté nationale peut se révéler problématique et qu'elle est une entrave réelle à l'accélération des processus d'intégration, le programme entend instaurer une nouvelle forme de gestion pragmatique des frontières. Son premier volet est de généraliser la délimitation et la démarcation des limites, sur la base d'un inventaire exhaustif de leur état. Un questionnaire est adressé à chacun des Etats. Il a une dimension préventive dans la mesure où les activités d'exploration pétrolière peuvent exhumer des gisements transfrontaliers, comme c'est le cas du bassin du Touadeni entre l'est mauritanien et le nord-ouest malien ou celui du Termit et du lac Tchad au sud-est du Niger[22]. Le second volet est de faciliter les initiatives des acteurs locaux avec l'appui des communautés économiques régionales.

Ce programme d'envergure porte la marque de l'actuel président de la commission exécutive de l'Union africaine, l'ancien chef de l'Etat malien, Alpha Oumar Konaré, historien et géographe de formation. Lors d'un colloque d'historiens réuni à Bamako en 1999, il avait lancé le concept de « pays frontières » visant à encourager les dynamiques locales. La loi fondamentale du Mali – 25/2/1992 – est la seule en Afrique[23] à accepter un abandon partiel ou total de souveraineté en vue de réaliser l'unité africaine – article 117. Son projet a reçu le soutien décisif de l'Afrique du Sud et de la... Libye.

Bien des Etats africains sont en effet confrontés aux effets durables d'une décision initiale empreinte de sagesse, prise par l'OUA au moment des indépendances et censée concerner les quelque 80 406 km des 104 dyades frontalières héritées des colonisations : principe de continuité des tracés coloniaux et de non-remise en cause de tracés jugés pourtant arbitraires. « Il appartient aux Etats africains de veiller à ce que soit respectée leur règle d'existence : l'intégrité des frontières héritées des grandes puissances coloniales. Ils y prendront garde, je suppose », avertissait François Mitterrand en 1986, en écho à la lucidité de Léopold Sedar Senghor, dès 1959 : « L'unité africaine est la seule réponse historique aux redoutables contradictions de l'Afrique noire. »

En réalité, la dispersion des anciennes Fédérations sous tutelle avait déjà ajouté 13 600 km aux tracés antérieurs à 1960. Depuis lors, le continent africain a été confronté à une double tension : celle provoquée par les découpages d'entités ethniques préalables – démembrement – et celle issue des regroupements au sein des nouveaux Etats indépendants d'entités à la coexistence difficile – « *suffocation*[24] ». Les situations de démembrement sont associées à des contentieux territoriaux internationaux, pouvant être gérés par la CIJ ou des arbitrages – 57 % des cas portés devant la CIJ dans le monde depuis quarante ans concernent l'Afrique : voir par exemple le cas Mali-Burkina Faso, 1983 ; arbitrages Guinée Bissau-Sénégal de 1989 et Nigeria-Cameroun de 1994 et 1998 : on a relevé 34 contentieux sur les 104 dyades frontalières où ils auraient pu se produire – 177 groupes ethniques ou culturels ont été divisés par les tracés imposés et hérités.

Les coexistences imposées sont à l'origine de la plupart des cas de faillite de l'Etat, avec la perte de contrôle des frontières – contrebande massive –, l'instabilité politique récurrente, l'ethnicisation des forces politiques, les politiques néopatrimoniales responsables de la stagnation économique dans des pays bien dotés en ressources et surtout des guerres civiles tragiques – Congo, Zaïre, Rwanda, Burundi, Ouganda, Angola, Mozambique et en partie pour ces raisons Liberia et Sierra Leone –, les 24 tentatives de sécession entre 1946 et 1998 : Katanga, Kwilu, Kivu et Haut Congo, Ogaden et Erythrée – un des rares cas où elle a abouti –, Ewe du Ghana, Touaregs du Mali, peuples non arabes du Soudan, Baganda en Ouganda, Ibo du Nigeria, Casamance au Sénégal.

Un redécoupage généralisé conduirait au chaos et la question de l'impact de la sécession du Soudan du Sud, encouragée par les pays occidentaux, est posée : sera-ce un précédent ? Les solutions sont internes et résident sans doute dans l'extension du fédéralisme, une politique de péréquation des ressources et la décentralisation comme cela a été tenté en Ouganda, en Ethiopie et bien sûr en Afrique du Sud ainsi qu'une plus grande flexibilité de gestion des barrières extérieures lorsqu'elles recoupent des entités humaines homogènes. L'attachement des Etats africains à ces limites exogènes, à ces frontières de chancellerie, tient à ce qu'elles gardent une fonction fiscale et monétaire. Et l'attitude des populations divisées par ces lignes est, comme le note Karine Bennafla – de tirer parti des opportunités en matière de commerce régional et d'échanges entre Etats. La frontière peut alors être gérée comme une ressource ou une rente – port de Cotonou au Bénin –, en jouant sur les besoins des pays enclavés et les différences dans les règles. C'est ainsi, comme le note le Club du Sahel – OCDE –, que se sont formés des ensembles régionaux transfrontaliers adossés à des aires de peuplement ethno-linguistiques recoupées par les lignes officielles. On relève ainsi l'existence d'une cinquantaine de villes de plus de 50 000 habitants dans un périmètre de 150 km autour des frontières[25]. Frontières héritées et imposées certes, mais acceptées parce que subverties.

Les processus de régularisation en cours visent donc à assurer la permanence de cette rente géographique. C'est le cas entre le Bénin, pays-entrepôt, et le Nigeria, qui se sont accordés en 2004 pour restaurer les anciens piliers installés entre 1912 et 1914 par une commission franco-britannique et pour organiser l'échange d'une dizaine de villages. Ou encore entre le Malawi et la Zambie où vient de débuter, malgré les appréhensions des populations locales, la démarcation d'un premier quart de leur dyade qui ne fut jamais clairement définie. Par une cérémonie officielle en février 2007, le Bénin et le Niger ont appliqué le jugement de la Cour internationale de justice – 2005 – à propos de la répartition d'îles disputées du fleuve Niger – 9 îles allouées au Bénin, île de Leté et 6 îles au Niger – qui avait provoqué des escarmouches. Le Bénin et le Burkina Faso ont encore un litige sur 68 km^2, qui provoque des incidents locaux récurrents.

En écho au propos d'Alpha Oumar Konaré, le Club du Sahel et de l'Afrique de l'Ouest de l'OCDE a engagé un ambitieux programme de soutien à une série d'opérations pilotes : Gambie-Guinée Bissau et sud du Sénégal, confins du Sénégal, de la Mauritanie et du Mali autour de la vallée du haut Sénégal et de la Karakoro, secteur du S.K.BO (pour Sikasso au sud-est du Mali et Bobo Dioulasso au sud-ouest du Burkina Faso), avec un extension envisagée vers Korhogo au nord de la Côte d'Ivoire, enfin le M2K (pour Maradi au Niger et les régions de Kano et Katsina dans le nord du Nigeria). Ces programmes d'initiatives transfrontalières sont portées par des structures locales dédiées au développement agricole, à la gestion de l'eau, aux échanges et à la sécurité alimentaire, avec le soutien de la CEDEAO – Communauté économique des Etats de l'Afrique de l'Ouest. L'Union africaine envisage de les étendre hors de l'Afrique de l'Ouest, avec l'appui de l'Association des régions frontalières d'Europe (ARFE) et de plusieurs Etats de l'Union européenne, les Eurorégions étant incitées à coopérer avec de futures Afrorégions.

Le Programme Frontière a été lancé dans un contexte où l'indéfinition de trois quarts des tracés et la persistance de zones non gouvernées, notamment dans la bande sahélo-saharienne, sont perçus par les Etats – Mauritanie, Mali, Niger, Nigeria, Tchad en premier lieu – comme des facteurs de risque accru. Ils ont été affectés par des contentieux territoriaux, qui peuvent ressurgir à l'occasion d'une régularisation qui, en cas de doute ou de contestation, se fonderait sur l'instantané colonial, alors que les dynamiques territoriales et démographiques ont évolué depuis les tracés des années 1920. Le programme cité a été mené à bien avec la démarcation de la dyade Mali-Burkina Faso et celle entre Mozambique et Malawi et a encouragé un règlement entre le Rwanda et l'Ouganda. Par ailleurs, le Pentagone travaille à la mise en place à partir d'octobre 2008 d'un commandement militaire africain, séparé des trois commandements qui touchent le continent africain, à l'exception de l'Egypte. La dernière décision de Ronald Rumsfeld aura été d'instituer l'Africom, pour prévenir les risques d'établissement de « bases » opérationnelles pour les groupes terroristes dans les confins mal gouvernés, de protéger les réserves pétrolières du golfe de Guinée et de gérer la montée en puissance de la Chine sur le continent. L'articulation avec les missions des forces armées européennes présentes en Afrique reste à préciser.

Le continent africain se trouve ainsi, au stade actuel de sa nouvelle insertion dans le jeu global, dans une situation où se déploient deux logiques de règlement des frontières, l'une de coopération économique, sociale et administrative d'inspiration européenne, l'autre stratégique et sécuritaire sous la houlette des Etats-Unis où l'on juge, sous l'influence des sociétés de pensée conservatrices et des travaux de Thomas Barnett, que l'Afrique deviendra l'élément principal de régulation du système international.

Le facteur chinois

L'Ethiopie et le Soudan ont mis fin en 2003 à un différend territorial de plus de quarante ans portant sur des terres situées au Soudan mais cultivées par des paysans éthiopiens dans la région d'al Fashaga, entre la vallée de l'Atbara et la frontière, non loin du tripoint avec l'Erythrée. Le pouvoir éthiopien, aux prises avec l'Erythrée et la Somalie, a ménagé le Soudan en restituant les terres revendiquées, malgré les critiques de l'opposition. Le pouvoir soudanais veille à s'assurer de l'intégrité de son territoire. Confirmation de l'intérêt chinois pour les ressources du Soudan, l'ambassadeur Lin Lin a fait un don de 150 000 dollars en septembre 2005 à Addis-Abeba pour financer la démarcation de segments de la dyade soudano-éthiopienne.

On retrouve la marque d'investisseurs chinois intéressés par l'exploitation de diamants des alluvions du fleuve Cuango qui fait frontière entre Angola et RDC jusqu'à ce que celle-ci suive le 6e parallèle. En février 2007, des soldats angolais avaient été signalés dans la région de Kahemba. Les Angolais semblent avoir invoqué un principe juridique inédit, « le droit de poursuite géologique », puisque les roches-mères sont en territoire angolais. Soucieux d'éviter des incidents avec l'allié angolais, la RDC a sollicité les cartographes belges du musée de l'Afrique centrale et dépêché une mission d'enquête de quinze députés sur le terrain qui a révélé l'existence d'un héliport de fortune et d'une borne n° 21 en ciment frais non usagé qui ne datait donc pas des années 1930 mais probablement laissée par un géologue américain[26].

L'affaire ayant été éventée, les deux capitales sont tenues de régulariser le tracé sur la base des archives. Rôle des ressources du sous-sol encore dans le règlement de la question de l'enclave de Cabinda, en août 2006, qui a permis de relancer les forages on shore après trente ans d'interruption, avec Roc Oil, firme australienne.

RÉGLER LES FRONTIÈRES PAR LE DROIT ET LA MÉMOIRE DES TRACÉS

Il existe bien des voies pour régler les frontières. En 1979 et en 1984, il avait fallu les médiations du pape pour mettre fin à la querelle entre les deux dictatures chilienne et argentine sur le canal de Beagle et les glaciers méridionaux. Après la guerre de 1995 entre l'Équateur et le Pérou sur la cordillère du Condor, l'intervention des quatre Etats garants du groupe de Rio – Etats-Unis, Brésil, Argentine et Chili – a conduit les deux gouvernements à aborner les derniers 78 km qui étaient indécis et avait été le prétexte d'un violent conflit armé. Les puissances jouent donc toujours un rôle mais moins visible que dans les étapes historiques précédentes. Il reste que rien ne sera réglé sans elles au Proche-Orient, de même que dans les Balkans occidentaux, en fonction de leurs intérêts. Sur quelles bases décide-t-on aujourd'hui de tracer frontière ? Selon quels principes ?

Le lien établi par l'ONU entre démarcation et paix manifeste clairement que les affaires de limites, même dans les aires dépeuplées les plus reculées ou les plus démunies, ont une charge symbolique forte, sinon excessive, toujours mobilisable dans une stratégie politique de construction nationale d'ampleur variable et à la discrétion des dirigeants et des opinions, quand elles peuvent s'exprimer. Face à la volatilité des jeux géopolitiques, les instances d'arbitrage cherchent toujours à fonder leurs décisions sur des coordonnées stables, celles fournies par les traités existants, qu'ils aient été bilatéraux, coloniaux ou imposés dans des conférences internationales. L'ONU reconnaît comme frontière internationale une ligne frontière agréée si celle-ci est exactement démarquée, avec la liste des coordonnées, les rapports et un dossier de cartes à jour de différentes échelles.

Ainsi, la Cour internationale de justice tranche les contentieux sur la base de l'instantané colonial, sans prendre en compte les consolidations ultérieures. Autrement dit, on s'en tient à une définition classique de la frontière, comme ligne de souveraineté, sans incorporer dans les raisonnements les réalités de la géographie humaine contemporaine. La CIJ cherche à restituer l'intention des premiers traceurs de limites par l'exégèse des textes des traités, l'argument cartographique ne faisant pas toujours foi, car des cartes datées et plus imparfaites que les relevés géodésiques modernes peuvent être contestées par l'autre partie. Les processus de clarification des tracés et de régularisation conduits de manière bilatérale ont obéi au même principe. Le principe de l'*uti possidetis, ita possideatis* – littéralement : « comme vous possédiez, vous possédez » – agit comme mémoire des frontières et des limites. La CIJ a rendu des arrêts et ordonnances sur 32 affaires contentieuses depuis 1946 – détroit de Corfou entre Royaume-Uni et Albanie –, dont 13 sur des questions de limites terrestres[27]. Sept affaires sont pendantes – dont 4 en Amérique latine, à forte tradition juridique.

La stabilité est donc fort relative, mais il faut que les apparences soient sauves ; la reconfiguration qui s'est imposée doit trouver en quelque sorte une nouvelle légitimité dans le recours à des limites préexistantes, celles d'anciennes républiques, celles tracées entre empires coloniaux ou entre circonscriptions administratives internes de ceux-ci. Il y a une sorte de conservatisme juridico-territorial qui vise à masquer l'instabilité des configurations géopolitiques et à en légitimer le résultat. Aujourd'hui, il n'est plus jugé acceptable que les frontières des nouveaux Etats soient issues de fronts. C'est le fond de la décision de la cour d'arbitrage sur la dyade Ethiopie-Erythrée.

La formation de nouveaux Etats est le résultat soit de transferts de territoires à la suite d'un conflit militaire, soit de sécessions. Une analyse rétrospective du dernier siècle confirme que les conflits ont été les principaux facteurs de transferts de territoires avec un Etat perdant et un Etat gagnant ou nouveau – exemple : Bangladesh devenu indépendant aux dépens du Pakistan en 1971, Timor Est et Indonésie en 1999 ou le Kosovo par rapport à la Serbie, en 2007-2008. Cette formation d'Etats par la violence a joué dans environ 115 cas – hors décolonisation –, une moitié d'entre eux dans la période 1902-1922 – de l'annexion du Transvaal à la création de l'Irlande – et 5 en 1939-1974 de l'annexion d'une partie de l'Albanie par l'Italie à l'annexion de la partie nord de Chypre par l'armée turque et à l'unification du Vietnam sous l'égide du régime du Nord. Dans les trente dernières années, on a enregistré peu de modifications liées à la guerre : Namibie, Etats issus de la Yougoslavie, Timor Est. Quant aux processus de sécession rendus possibles par une nouvelle conjoncture et réalisés sans violence – indépendance de la Norvège en 1905 s'affranchissant de la tutelle de la Suède, de l'Islande par rapport au Danemark en 1944, indépendance de Singapour de la Malaisie en 1965 ou la dispersion de la Tchécoslovaquie en 1993 –, on compte environ 55 cas, dont la moitié dans les deux dernières décennies.

Or, dans les deux types de processus, on relève que les frontières dessinées reprennent des limites administratives antérieures dans 60 % des cas de formation par conflit – exemple yougoslave – et 75 % des cas de sécession. Les autres cas sont fondés sur la prise en compte, à la suite de Wilson, de critères démographiques, ethnoculturels ou religieux – inclusion de tel monastère ; « les frontières des terres serbes s'étendent aussi loin qu'il y a des tombeaux serbes » selon Vuk Draskovic –, bref d'identité nationale, exprimée ou en devenir. Mais les identités collectives sont des constructions sociales datées qui sont d'usage malaisé dans les chancelleries pour s'accorder sur des cartes. D'où les difficultés inextricables de l'application sur le terrain du principe d'autodétermination, car les aspirations à la sécession proviennent le plus souvent de groupes vivant dans des régions de peuplement mixte. Enfin, le critère de la frontière sûre au plan militaire, défendable, reste un objectif dans les conjonctures très conflictuelles – Golan et Jourdain, Cachemire. Adopter des tracés administratifs antérieurs est plus simple, avec une moindre réorganisation, et est moins coûteux.

Dans les situations de création de nouveaux Etats, la reconfiguration qui a eu lieu après 1991 en Europe centrale, baltique et orientale, comme en Asie centrale, a repris des tracés administratifs du jour de l'indépendance. Autrement dit, l'ordre territorial peut être modifié au gré des changements de conjoncture internationale, comme en 1991, et des aspirations à l'indépendance nationale d'unités jusqu'alors englobées dans des ensembles plus vastes. Mais lorsqu'il s'agit de définir les limites des nouveaux Etats, on les considère comme des successeurs de sous-ensembles antérieurs dont ils doivent accepter les limites. Les frontières ne sont donc pas intangibles, au sens où des ensembles peuvent se décomposer comme on l'a vu depuis bientôt deux décennies. Mais les acteurs en charge de la formation des nouvelles entités trouvent reconnaissance si les frontières ne sont nouvelles que dans leur statut mais pas dans leur tracé. Une ancienne limite peut être élevée au rang de frontière internationale sous l'effet de la fragmentation ambiante, mais son dessin sur la carte et sur le terrain doit rester inchangé. Comme si l'on voulait écarter le risque toujours présent de rouvrir la boîte de Pandore. L'accès à l'indépendance doit se payer d'une acceptation préalable de limites préexistantes, même si à l'origine du changement de statut d'un territoire se trouvent des motivations à caractère national portées par des communautés dont l'aire de répartition ethnolinguistique ne coïncide pas avec la nouvelle configuration spatiale. C'est ce qui s'est passé lors de la dissolution de la Fédération yougoslave : acceptation de la désagrégation, refus de toute correction de limites selon les principes fixés par la Commission Badinter et confirmés par les accords de Dayton, qui a pris acte des rapports de force tragiques sur le terrain sans donner à la limite entre entités en Bosnie un statut international. Comme on le verra, l'application stricte de ce principe peut entraîner de nouvelles tensions.

Un arbitrage de la Cour internationale de justice

L'avancée la plus importante a été obtenue par l'arbitrage de la Cour internationale de justice qui a confirmé en 2005 la totalité de la dyade Nigeria-Cameroun entre le lac Tchad et le golfe de Guinée et attribué la péninsule de Bakassi en 2005 au Cameroun, malgré l'avis de ses habitants. Le jugement de la CIJ sert de base à la délimitation de la frontière maritime dans une zone riche en pétrole. Quels furent les critères retenus par la Cour pour une frontière de formation complexe en raison des successions coloniales entre Allemagne et France et du caractère anglophone de l'Ouest camerounais, sur une des rares dyades en Afrique qui aient fait l'objet d'un référendum régional en 1961 confirmant l'unification des deux régions anglophones avec les provinces francophones ? Le président Guillaume a résumé devant la presse un arrêt de plus de 150 pages[28] : la Cour a décidé que la frontière terrestre avait été fixée par les traités intervenus à l'époque coloniale dont elle a confirmé la validité. Elle a décidé que, par application de la convention anglo-allemande du 11 mars 1913, la souveraineté sur Bakassi était camerounaise.

De même, la Cour a fixé la frontière dans la région du lac Tchad conformément à l'échange de notes franco-britannique Henderson-Fleuriau du 9 janvier 1931 – qui incorpore la déclaration Thomson-Marchand de 1919-1930 – et rejeté les prétentions du Nigeria. Par ailleurs la Cour a fixé la frontière maritime entre les deux Etats, confirmant la validité des déclarations par lesquelles les deux chefs d'Etat avaient convenu de la frontière depuis l'embouchure de l'Akwayafé jusqu'à un point G situé par 8° 22' 19" de longitude et 4° 17' 00" de latitude nord. Au-delà, la Cour a endossé la méthode de délimitation préconisée par le Nigeria, retenant comme ligne de délimitation la ligne d'équidistance Cameroun/Nigeria, qui lui a paru en l'espèce aboutir à des résultats équitables dans les relations entre les deux Etats[29]. Elle respecte les exploitations pétrolières existantes et préserve les droits de la Guinée équatoriale. Elle demande enfin au Nigeria de retirer son administration et ses forces de Bakassi et de la région du lac Tchad. La démarcation de la frontière a été reprise sur 1 700 km fin 2005.

Les aléas de la Cour permanente d'arbitrage

La Cour permanente d'arbitrage de La Haye a eu moins de succès avec l'Ethiopie et l'Erythrée, sa décision ayant été récusée par Addis-Abeba comme illégale et injuste. Après le conflit fratricide entre les deux pays (1998-2000) et le déploiement d'une force de l'ONU dans une zone de sécurité temporaire, l'accord d'Alger – décembre 2000 – avait institué une commission frontalière indépendante dont la Cour est le greffe et le service cartographique de l'ONU l'opérateur technique. Les activités de démarcation entamées en 2001 sur le secteur oriental ont été interrompues en 2003, les Ethiopiens refusant la démarcation sur le terrain s'appuyant sur la ligne tracée sur le papier par l'EEBC – Ethiopian Erythrean Border Commission – et qui a prévu de procéder à des échanges de territoires, notamment en cédant la région de Badme, où débuta le conflit armé en 1998, dans le Tigré, à l'Erythrée. Le Conseil de sécurité a prolongé le mandat de l'EEBC de six mois le 30 janvier 2007 par la résolution 1741 qui souligne que « l'instauration d'une paix durable passe nécessairement par la démarcation complète de la frontière entre les deux parties » et exprime son soutien à la commission du tracé.

La base de la délimitation est la référence aux traités coloniaux de 1900-1908 entre l'Italie et l'Abyssinie. Querelle de lignes ? En réalité, les deux pays sont en rivalité géopolitique dans la Corne de l'Afrique ; l'introduction d'une monnaie nationale par Asmara a compliqué les échanges avec l'Ethiopie devenue enclavée lors de l'indépendance de l'Erythrée en 1993. Et l'animosité personnelle entre les dirigeants des deux appareils d'Etat, anciens alliés avant 1993 contre Mengistu, est sans doute le facteur central de cette tragique dispute dont le prétexte est une zone de brousse semi-aride de moins de 400 km^2 autour de Badme. L'accord de l'Ethiopie du 15 juin 2007 pour restituer Badme a été salué par l'ONU, mais n'a pas été suivi d'effet en raison du conflit politique entre les dirigeants des deux Etats.

RÉGLER LES FRONTIÈRES SUR LA BASE DES RÉALITÉS GÉOPOLITIQUES LOCALES

Il n'est pas toujours possible de sortir d'une crise grave entre deux communautés sans envisager une solution de division, encore appelée partition, qui passe par la création d'une frontière au tracé nouveau, imposé par l'état des forces ou des actions d'interposition, de part et d'autre d'une ligne de démarcation. Cette voie a été fréquemment utilisée par les diplomates britanniques en réponse aux pressions de communautés minoritaires actives : partition de l'Irlande en 1921-1922, de la Palestine en 1937 et 1948, du sous-continent indien en 1947, de Chypre en 1974. L'ancien ambassadeur britannique en ex-Yougoslavie, Sir Ivor Roberts, la préconise pour sortir de la crise du Kosovo, ainsi que les diplomates russes, à la suite de Primakov. La même méthode a été appliquée lors des accords de Dayton sur la Bosnie sans aller jusqu'à la création de deux entités indépendantes en droit. Dans tous les cas mentionnés, il y a eu à la fois établissement d'un nouveau tracé et des changements immédiats dans la répartition des populations, à la suite d'expulsions, de transferts forcés et de violences graves. Imposée pour mettre fin à un conflit en séparant les adversaires, la partition ne garantit en rien une solution durable comme on le sait à l'examen des cas cités, puisque les plus graves crises actuelles en sont les conséquences directes.

La recherche de repères fixes dans les situations de crise paraît être un élément de solution. Tout en acceptant des sécessions, violentes ou non, conduites au nom d'aspirations nationales et du droit à l'autodétermination, les puissances capables de donner leur aval aux effets de cette instabilité – celles du Conseil de sécurité des Nations unies – s'empressent d'imposer un semblant de continuité territoriale.

La jurisprudence Badinter

Le respect des limites administratives fut clairement posé comme condition de la reconnaissance des indépendances des nouveaux Etats des Balkans occidentaux par la Commission Badinter. Son application rigoureuse par le rapport Ahtisaari au cas du Kosovo, qui n'avait pas le statut de république, explique en partie les réticences serbes dès lors que la limite entre la Serbie propre et la province du Kosovo avait été modifiée par Tito et remontée au nord de la vallée de l'Ibar. La limite nord est représentée comme une ancienne frontière internationale qu'elle n'a en réalité jamais été. Le refus de la plupart des puissances engagées dans le règlement du conflit d'envisager tout ajustement, même mineur, de la future limite internationale entre la Serbie et le Kosovo indépendant procède de la crainte de création de précédents dans les régions ethniquement mixtes voisines. Or, ce schéma conduit à entretenir l'idéal de la multiethnicité qui, en l'espèce, est une fiction puisque la sécurité des minorités serbes n'est assurée que par le déploiement des forces de l'Otan et que les autorités albanaises du Kosovo n'exercent aucune souveraineté effective dans ces districts de minorités. Une partition de fait existe sur le terrain. Mais elle est complexe dès lors que 60 % de la population serbe ne vit pas dans la partie nord mais dans des enclaves situées au sud et à l'est de la province.

Un ajustement des limites du Kosovo indépendant éviterait peut-être de créer un nouveau problème de minorité, mais, compte tenu de la répartition de la minorité serbe, il risque de se terminer par des transferts de population : puisqu'on se refuse, faute de négociation sur ce point, à ajuster les tracés aux réalités humaines et politiques de terrain, ce sont celles-ci qui seront modifiées et adaptées aux nouvelles frontières qu'elles récusent. Une purification ethnique lente et discrète fait partir les Serbes des enclaves et la prise de contrôle des postes frontières du nord du Kosovo depuis l'été 2011 et l'exigence de démantèlement des institutions serbes locales va dans le même sens. En outre, la prise en compte des réalités de la minorité serbe faciliterait l'acceptation de la perte d'un lieu de mémoire par la Serbie. Des modifications territoriales mineures, assorties d'échanges de territoires, sont envisageables dès lors que l'impact sur les populations est anticipé et contrôlé par les forces d'interposition. Or, un tel scénario ne peut être envisagé que comme une concession de dernière minute dans une négociation parce qu'il heurte les pratiques habituelles de conservatisme territorial, de sorte que ceux que l'on entend protéger par la séparation risquent d'en devenir les premières victimes si les acteurs de la décision ne prennent pas les dispositions immédiates de son accompagnement sur le terrain.

L'inaccessible rêve bolivien du Pacifique

En Amérique latine[30], la revendication séculaire de la Bolivie – depuis 1904 – d'un corridor de libre accès à l'océan Pacifique *via* le territoire chilien de Monterrey n'a jamais vraiment cessé. Les relations diplomatiques sont interrompues depuis près de trente ans, après que la junte chilienne eut décidé de miner un segment de frontière. La Bolivie dispose d'un port franc à Arica pour les importations avec un accès routier et ferroviaire. La dispute a été relancée en 2004-2005, La Paz contestant les droits de transit prélevés par le Chili sur ses exportations et l'imposition de barrières phytosanitaires. La célébration du « Dia del Mar » le 23 mars a repris de l'ampleur en 2011.

Alors que l'objectif d'intégration économique est affiché par les Etats et les milieux d'affaires, que des foires se tiennent dans les villes frontières et que les échanges s'accroissent, le règlement politique est bloqué. L'accès à l'océan est techniquement assuré mais le contentieux se nourrit, dans la mémoire collective bolivienne, du ressentiment de la perte du littoral pendant la guerre du Pacifique de 1879-1884.

Régler les frontières par la technique

Il est deux catégories d'espaces qui présentent d'authentiques défis pour la gestion des frontières politiques, les étendues peu peuplées de forêts tropicales humides et les aires désertiques de climat aride. Elles forment souvent des zones de non-droit mises à profit par les narcotrafiquants et des groupes dissidents. Le recours aux techniques de positionnement satellitaire et de surveillance électronique semble permettre d'y apporter un début de réponse.

L'Amazonie brésilienne

José Maria da Silva Paranhos Júnior, baron de Rio Branco, fut le promoteur du concept de « frontières vives », les limites politiques devant s'ajuster à l'époque sur les fronts pionniers agricoles et les plantations d'hévéas. Aujourd'hui, la spécialisation agricole suivie par l'Etat brésilien comme l'une des voies d'insertion dans le marché mondial conduit les entreprises d'agrobusiness à s'implanter au Paraguay et dans l'Est bolivien. Les relations régionales et la maîtrise effective des vastes confins du Bassin amazonien et des 16 889 km de frontières terrestres avec tous les pays sud-américains sauf le

Chili et l'Equateur sont l'une des priorités de l'Etat brésilien. L'ouverture de routes transamazoniennes en direction du Venezuela, de Manaus à Caracas, et la construction d'un gazoduc depuis la Bolivie sont des exemples récents résultant du traité de coopération amazonienne signé à la fin des années 1970.

Toutes les dyades brésiliennes sont délimitées et démarquées et le travail de caractérisation des frontières se poursuit, depuis les deux commissions techniques de Rio de Janeiro et de Belém. De même que la Légion étrangère française inspecte chaque année les bornes en béton qui marquent la dyade avec le Brésil sur les monts Tumuc Humac.

En appui aux politiques de préservation des réserves naturelles et de contrôle de la colonisation agropastorale et aux fins de réduire les trafics de drogue et les éventuels empiètements des groupes dissidents de l'Est colombien, les autorités brésiliennes ont créé un ambitieux et coûteux système de surveillance de l'Amazonie, le Sivam, en déployant des moyens de cartographie par radar dont les plus sophistiqués ont été installés par l'entreprise OrbiSat, dotés de technologies à double fréquence simultanée pour observer les régions de forêt les plus denses, de jour comme de nuit, y compris par temps de pluie. L'objectif est de conduire des missions de reconnaissance de recherche de bases clandestines de raffinage de cocaïne, de pistes d'atterrissage non déclarées, de points de concentration de troupes, d'équipement et de véhicules dans les régions frontalières. Le système aérotransporté OrbiSAR-1 a également un intérêt civil pour la production cartographique couvrant 250 000 km^2 en deux mois, qui a été récemment appliquée dans l'est du Venezuela. La connaissance de la biomasse, des sols et de l'hydrographie sert à des projets de transport et de cadastre rural et urbain. Le projet a débuté en 1997 en coopération avec des firmes américaines, Hughes Network System et ses filiales Atch et Amazontech, ainsi qu'avec des équipements allemands de très haute résolution, pour 1,3 milliard de dollars.

Le Sivam a donc une forte composante de sécurité, complémentaire du déploiement au sol de 23 000 soldats près de la frontière colombienne depuis 2002 et l'installation de nouvelles bases militaires, dont certaines accessibles aux forces américaines. Il sert de base à des coopérations militaires avec l'Equateur et le Pérou. La prévention des menaces pesant sur l'Amazonie, vaste de 5,5 millions de km^2, est la première priorité des forces armées brésiliennes. Une base militaire a été créée à Sao Gabriel, à la frontière colombienne. La montée en puissance du Brésil a une dimension territoriale et régionale essentielle et est le moteur du Mercosur, qui entend ouvrir douze corridors transocéaniques – Initiative pour l'intégration de l'infrastructure régionale sud-américaine, ou IIRSA, lancée en août 2000 à Brasilia par le président Cardoso, avec un plan d'investissements de 50 milliards de dollars sur dix ans, pour « vaincre les barrières physiques, normatives et sociales ». Militaires, entreprises publiques – Pétrobras, BNDES, Banque nationale de développement économique et social – et privées – banques, BTP et agrobusiness –, Etat et diplomates en sont les principaux acteurs. Les confins amazoniens sont, encore plus nettement que dans l'étape de production de latex pour l'automobile, en voie d'intégration dans le jeu mondial, du simple fait de leur localisation frontalière des pays andins, avec des risques écologiques que le système Sivam peut identifier mais sans doute pas prévenir.

L'impératif du contrôle des frontières du Sahara

Si Algérie et Libye ont décidé de conclure leur démarcation, en commençant par le segment situé au nord du tripoint avec le Niger, on sait que la frontière entre l'Algérie et le Maroc est officiellement fermée depuis 1994, sans être un obstacle réel au trafic des marchandises – essence, médicaments, électroménager, commerce informel –, aux migrations entre Maghnia et Oujda ni à la circulation aérienne, les ressortissants des deux pays n'étant pas assujettis à des visas d'entrée. Les obstacles sont là politiques.

Plus au sud, ils sont techniques, l'enveloppe saharienne de l'Algérie s'étirant sur plus de 6 000 km. La frontière avec la Libye fut abornée une première fois par la France en 1958, sur la base d'un arrangement conclu en 1919. Les limites avec les Etats du Sahel sont issues d'un accord passé en 1905 entre le ministère français de l'Intérieur, dont dépendait l'Algérie, et le ministère des Colonies, qui gérait l'Afrique-Occidentale française. Cette limite administrative résulta des rapports établis par les colonels Laperrine et Ronget : localisation des points d'eau, des aires de pâturage et de répartition des tribus, connue de manière fort approximative. La convention de Niamey de 1909 inclut les zones de parcours des Touaregs Adjer et Hoggar en Algérie et celles des Touaregs de l'Aïr et des Iforas dans l'ancien Soudan français. Plus tard, l'Algérie se vit attribuer les puits d'In Guezzam, Izelag et In Ezzan, ceux d'In Azoaoua, Tedjirt et Assemenka restant à l'A.-O.F. Les conventions de bornage ont été conclues en 1983 sur cette base avec la Mauritanie, le Mali et le Niger, non sans quelques difficultés liées à l'attribution des puits, réglées en s'éclairant des cartes françaises. Un nouveau bornage avec la Libye a été entrepris à partir de 1995, malgré les contraintes topographiques à l'est du Tassili des Adjer. Elle n'est pas achevée.

L'Algérie a entrepris depuis 2006 un projet de réseau de surveillance électronique de ses confins sahariens, avec capteurs, radars et caméras de surveillance dont l'installation a commencé sur la dyade occidentale. La route transafricaine Lagos-Alger, longue de 4 500 km, est presque terminée et il manque encore 550 km dans le Sud algérien et le nord du Niger[31] ; la construction d'un gazoduc Nigeria-Algérie et d'un système de fibre optique s'inscrit dans une « option sud » d'aménagement du territoire saharien et de son ouverture à l'international. Ce désenclavement peut être propice aux trafics de voitures, d'armes, de drogue et de migrants. En plus de la gestion des enjeux de sécurité dans le nord du Sahel[32] et le Sud-Ouest algérien, où plane le risque d'alliance opérationnelle entre des mouvements Touaregs dissidents et deux petits groupes salafistes, AQMI (Al Qaida au Maghreb Islamique), qui sillonnent des étendues incontrôlables du Nord malien et le Sud algérien, équipés de téléphones satellitaires et de véhicules tout-terrain. La réponse sécuritaire mêle la surveillance satellitaire et la formation de groupes méharistes chargés de contrôler les confins algéro-maliens. Vingt-sept incidents graves se sont déroulés dans les confins sahélo-sahariens depuis 2003 et il est à craindre que le changement de régime en Libye ne relance les actions autonomistes des groupes Touareg du nord du Mali. La vieille distinction classique dans l'histoire du Maroc entre le « makhzen » – espace des bureaux de gouvernement – et le « bled es siba » – zones de la dissidence – peut s'appliquer à ces régions désertiques.

RÉGLER LES FRONTIÈRES PAR LA PRÉSERVATION DE LA NATURE

Une voie originale de règlement des frontières passe par la délimitation d'aires naturelles adjacentes protégées. Un tiers environ des dyades terrestres, impliquant une centaine d'Etats, est concerné par ce dispositif qui représente 10 % de la superficie totale des réserves naturelles du monde – 10 millions de km^2.

En Europe, la gestion conjointe de l'environnement naturel s'étend par intégration dans les politiques de voisinage. C'est le cas récent de la forêt primaire de Bialowieza, forêt frontière entre Pologne et Biélorussie, désormais franchie depuis 2005 par des flux touristiques, ou du parc trinational de Prespa créé en 2000 aux confins de l'Albanie, de la Grèce et de la Macédoine où sont mis en place de nouveaux outils de développement des espaces ruraux[33].

En Amérique centrale, trois pays, Honduras, Guatemala et El Salvador, avaient créé depuis 1976 avec la Banque interaméricaine de développement une réserve naturelle La Fraternité ou réserve de biosphère Trifinio, regroupant 45 communes et 700 000 habitants.

La méthode est courante en Afrique australe. La protection des nombreux parcs naturels frontaliers, l'ouverture de couloirs verts pour les espèces protégées longtemps confinées par le minage et la clôture des frontières sud-africaines pendant l'apartheid et les besoins de l'économie touristique incitent à une gestion concertée des parcs. Une fondation sise à Stellenbosch promeut le concept de « parcs de la paix » dans une « Afrique sans barrières » ; en 2006 a été formée l'aire de conservation naturelle transfrontière la plus étendue du continent, Kavango-Zambèze ou KAZA, de la superficie de l'Italie, qui associe 36 parcs nationaux de cinq Etats – Zimbabwe, Angola, Namibie, Zambie et Bostwana – et intéresse notamment la fameuse bande de Caprivi, le parc Chobe, le delta intérieur de l'Okavango et les chutes Victoria.

Rêvons un instant. En cas d'accord frontalier entre Israël et la Syrie sur le plateau du Golan et la rive orientale du lac de Tibériade, une option comparable de réserve naturelle serait une solution fort originale.

Forme écologique de neutralisation civilisée d'un espace contesté pour des motifs à la fois stratégiques et de sécurité hydraulique. Elle a été sérieusement envisagée lors d'une série de huit rencontres secrètes entre émissaires syriens et israéliens entre septembre 2004 et juillet 2006[34].

La proposition de création d'un parc naturel vise à apporter une réponse à une double exigence de sécurité stratégique et hydraulique. Si une partie des hauteurs du Golan et de la rive orientale du lac de Tibériade est transformée en parc naturel géré par les Syriens, leur revendication de récupérer l'étendue des territoires jusqu'à la ligne du 4 juin 1967 peut être satisfaite. En outre, une réserve naturelle est par définition démilitarisée ; elle aurait une fonction de zone tampon entre deux secteurs où les présences militaires respectives seraient agréées (dans un ratio de 4 :1 en faveur d'Israël). En échange, le libre accès des Israéliens au Golan sans visa syrien serait garanti ainsi que la poursuite de l'usage exclusif par Israël des eaux du lac qui fournit, avec les sources du Jourdain[35], les deux tiers de sa consommation nationale. Du bon usage de l'espace frontière dans ses multiples ressources. La solution territoriale technique est sur la table. Reste à s'accorder sur les autres composantes, politiques, d'un accord global.

2

Clôturer les limites

Le démontage du mur de Berlin était devenu le symbole d'une ère d'ouverture appelée à s'étendre sur les friches de l'Europe de l'Est et bien au-delà, un modèle à suivre exprimant une mutation stratégique d'envergure, la disparition d'une frontière internationale, effacée sans coup férir, démocratiquement. Mais une observation géographique rigoureuse montre que ce désir d'aller et venir librement n'a pris sens que dans cette partie de l'Europe, à l'exception de Chypre et de plusieurs villes nord-irlandaises.

Un contre-modèle l'a évincé, celui de la clôture, du mur, doté d'appareils électroniques, redonnant consistance à la barrière frontière supposée produire de la sécurité dans une logique de séparation nette ou de filtrage contrôlé. S'observe un durcissement, au propre et au figuré, des pratiques frontalières. Ces nouveaux murs sécuritaires incarnent une mondialisation négative. Si tous les projets annoncés étaient réalisés, s'ajoutant aux barrières existantes – Koweït/Irak, Chypre, Sahara occidental –, la longueur totale de ces clôtures atteindrait près de 18 000 km.

Cette « barriérisation » est un outil de règlement unilatéral d'un contentieux territorial ou simplement d'un contesté frontalier. Une dispute sur un vaste territoire, et sa population, est un conflit de souveraineté. Un contesté porte sur la délimitation précise de tel ou tel segment interétatique. La clôture vise à transformer une ligne de front en frontière de fait, y compris dans les Etats démocratiques.

Dans ces pays, en effet, la stratégie de clôture, mise en œuvre avec de gros moyens budgétaires, est aussi un acte de communication publique du pouvoir central. En rendant de nouveau visible la frontière, l'Etat entend manifester et convaincre qu'il répond aux aspirations de sécurité d'une partie de l'opinion, que sa volonté de reprendre le contrôle des bordures du territoire national est sans faille. La clôture est d'abord un message politique à usage interne, même si son efficacité pour atteindre les objectifs qui lui sont assignés n'est pas démontrée, car les migrants acceptent de payer un prix prohibitif – au risque de leur vie souvent – pour franchir un mur. Face aux forces fluides du marché et aux inquiétudes qu'il engendre, l'Etat se résout à mettre en scène ses actions de maîtrise des bordures du territoire souverain. La frontière redevient alors la ligne de souveraineté gérée directement par le pouvoir central, alors que les problèmes à gérer ne peuvent pas l'être à l'échelle de ce seul espace linéaire – cas des migrations – ou sans laisser de marge de manœuvre aux pouvoirs locaux et régionaux.

Le lien avec la mondialisation de l'économie et des images est évident : dans les régions frontières des ensembles les plus développés et à voisinages asymétriques, il s'agit, sans entraver les flux de marchandises, de filtrer des flux humains animés par le désir ou le besoin d'aller voir au-delà de l'écran et des récits qui diffusent à satiété les représentations d'une mondialisation positive. En outre, ces pratiques sont coûteuses. Le système de frontière électronique sur la dyade Arabie Saoudite et Irak annoncée par le prince Nayef ben Abdelaziz, ministre de l'Intérieur, en novembre 2006, coûtera un demi-milliard de dollars. L'ensemble du programme global de surveillance est de 12 milliards de dollars. La frontière a toujours été une ressource pour ceux qui en contrôlent les passages ; elle est aujourd'hui un marché en expansion pour les fournisseurs d'équipement de surveillance et de sécurité. Boeing a remporté l'appel d'offre du Fencing Act de 2006 pour équiper la Linea mexicaine. On ignore en général que ces pratiques ont des antécédents : « peace lines » d'Irlande du Nord, les six murs et levées bâtis par le Maroc contre le Front Polisario, les clôtures entre Israël et le Liban, voire une longue histoire comme dans le « triangle des rebelles ».

La ligne Durand ou la clôture impraticable

La frontière occidentale du Pakistan n'a jamais été reconnue comme limite internationale par le voisin afghan. Historiquement, il ne s'agit pas d'une frontière internationale mais d'une ligne de non interférence, qui n'est pas respectée par le Pakistan depuis 1979. Kaboul a réitéré sa position lors de l'annonce par Islamabad, en novembre 2006, de son intention d'ériger des barrières, de piéger et de miner les innombrables points d'infiltration de militants islamistes, en réponse à une critique croissante des autorités afghanes, des Etats-Unis et de leurs alliés à l'égard du laxisme pakistanais, malgré la présence de 80 000 soldats et une série d'opérations militaires alternant avec des approches de conciliation. Pour les Afghans, ces mesures sont sans effet tant que le Pakistan n'aura pas éliminé les centres d'entraînement et les camps qui ont succédé aux camps de réfugiés où se sont formées les forces des taliban. Le Conseil national uni afghan refuse qu'un contrôle pakistanais renforcé impose une ligne de démarcation formalisée et propose une réunion de la commission tripartite de 2003 entre Kaboul, Islamabad et les forces de la coalition pour régler le contentieux territorial.

Celui-ci remonte à la fin du XIXe siècle, au moment de la mise en œuvre de la *Forward Policy* (« expansionnisme préventif ») par les autorités britanniques inquiètes des avancées de la Russie tsariste en direction de l'Amou-Daria et de la Perse. L'objectif était de constituer un Etat tampon afghan exerçant son autorité au nord et au sud de l'Hindou Kouch, selon la stratégie du heurtoir. L'Afghanistan ne fut donc jamais directement colonisé. Mortimer Durand, fils d'un général britannique qui avait participé à la première guerre anglo-afghane, s'en fut en mission à Kaboul pendant six semaines, à partir d'octobre 1893, en compagnie du colonel cartographe Elles et du lieutenant Mac-Mahon, qui traça plus tard la frontière nord-orientale de l'Inde, elle aussi encore contestée par la Chine, ainsi qu'avec une escorte de 300 hommes[1]. La première partie de la mission de Durand était de convaincre l'émir Abdul Rahman d'accepter un règlement définitif de la frontière nord avec la prise en charge du corridor de Wakhan, pour stopper l'avancée russe. Ensuite, il s'agissait de renouveler le soutien de Londres et de Delhi, politique et matériel – subsides, armes et munitions –, à l'indépendance afghane. La question de la frontière orientale était secondaire pour Durand, car sans implication internationale. Mais Abdul Rahman était préoccupé des travaux d'équipement stratégiques – pénétrantes ferroviaires et cantonnements – et de l'autonomie tribale que l'avancée britannique facilitait dans les régions de peuplement pashtoun.

Les lieux de litige furent donc passés en revue et les districts tribaux furent répartis entre Kaboul et Delhi. La stratégie britannique fut d'obtenir que les groupes les plus rétifs, comme les Waziri, « un nid de frelons », qui gênaient les communications entre le Pendjab et le

Balouchistan, fussent englobés dans sa sphère d'influence et contenus, moyennant quelques subsides aux maliks. Ce faisant, il s'agissait également d'interdire toute interférence de l'émir dans ces districts, aux dépens des intérêts stratégiques de l'Inde. Des ajustements fondés sur les degrés de loyauté des tribus à l'émir furent concédés par Durand afin qu'il sauve sa réputation aux yeux de son peuple de manière à arriver à un accord[2], Commentant dans une *jirgah* à Kabul le 13 novembre 1893 l'accord frontalier, l'émir expliqua : « J'ai abandonné les Waziri, qui étaient désobéissants. Ils m'ont donné Birmal qui est près des Jadran et de cette manière toute la frontière a été délimitée jusqu'au Séistan. » La limite fut dessinée en gros tiretés verts sur des cartes ethnographiques à l'échelle de un pouce pour 24 miles.

L'accord du 12 novembre 1893 fixa la limite des sphères d'influence respectives, de la Perse au corridor de Wakhan, « de sorte qu'il n'y ait pas dans l'avenir de différences d'opinion sur le sujet entre des gouvernements alliés ». La ligne Durand, décrite comme « scientifique », devait placer les tribus dans l'aire de juridiction de l'armée britannique pour éviter que l'absence de délimitation ne les conduise à jouer d'une double allégeance pour rester indépendantes et bloquer toute tentative de restauration de la « vieille suprématie afghane sur la frontière de Peshawar[3] ». Durand conclut : « Le bilan est très largement en notre faveur et nous donne les mains libres pour traiter avec les tribus de la Frontière dans l'avenir. » Durand note néanmoins que son interlocuteur, au rire contagieux et prompt à changer d'avis, entretenait un rapport particulier à la cartographie : « Vos cartes sont toutes fausses, je le sais, je suis allé là-bas. » Et il commençait à la redessiner avec des craies de couleur : « J'ai toujours remarqué que quand il est question de mes prétendues interférences, vos cartes les montrent très grosses en vérité ; quand nous parlons de l'une des vôtres, c'est une toute petite chose. » Les cartes préparées par Holdich durant la guerre afghane de 1879 comportait des blancs et des approximations mais sans erreurs, même volontaires, pour les régions centrales. Il est vrai que l'émir ignorait cette technique. Conscient de l'acquis, Mortimer Durand recommanda que des mesures fussent prises pour « démarquer sans délai », sans quoi les gains empochés seraient perdus. La démarcation fut réalisée par une commission mixte, sauf dans le Waziristan où l'équipe anglaise dut travailler sous la protection d'une escorte de 3 000 hommes établis dans le camp retranché de Wana. Trois cent vingt-deux marqueurs furent édifiés en dix mois par six équipes : poteaux en maçonnerie de 2 à 4 mètres de haut, cairns ou tas de pierre de 2 à 3 mètres de haut, avec un numéro d'identification en chiffres romains.

Le principe de non-interférence n'a jamais été respecté. Les successeurs d'Abdul Rahman tentèrent à plusieurs reprises d'occuper la passe de Khyber et le saillant de Parachinar, et de recruter des mercenaires parmi les milices frontalières. Un nouveau traité fut signé en 1921 de reconnaissance formelle de l'indépendance de l'Afghanistan « dans ses affaires intérieures et extérieures » ; la démarcation fut densifiée autour de la passe de Khyber, toujours sujette aux incursions des Afridi. Il fut complété d'une lettre indiquant que, dès lors que « les conditions des tribus frontalières des deux gouvernements présentent un intérêt pour le gouvernement afghan, le gouvernement britannique les traitera généreusement pourvu qu'elles s'abstiennent d'outrages contre les habitants de l'Inde ». C'est sur ce document légal que s'appuya Kaboul pour revendiquer le Pashtounistan oriental à partir de 1947. En 1947, la partition de l'Inde relança la question pashtoune et l'Afghanistan fut le seul Etat à ne pas voter l'admission du Pakistan aux Nations unies ; la ligne Durand est pour Kaboul une « ligne imaginaire » et le gouvernement afghan l'a rappelé en avril 2006 par une déclaration d'Abdul Karim Brahui, ministre afghan des Affaires tribales et frontalières, en indiquant que seule une grande assemblée, *loya jirgah*, pouvait statuer.

La pacification de ce « yaghistan », terre de rébellion peuplée à l'époque de 250 000 habitants sur 27 220 km^2, qui alimenta la saga des officiers des cantonnements commandant 28 bataillons, soit près de 50 000 soldats, ne fut jamais réalisée. Ces Pachtounes de l'est, vivant hors des plaines et des vallées, et qui ne relèvent pas des confédérations Ghilzai et Durrani, étaient organisés en sociétés acéphales et démocratiques, les malik décidant lors de *jirgah* ou assemblées des chefs de famille, soucieux du respect du code, le pachtounwali[4]. Le droit coutumier continue de s'appliquer. Ce qui confère à ce yaghistan sa vigueur réside dans la combinaison de sa structure sociale rétive à tout ordre central et de sa localisation sur les cols et les passes des régions montagneuses entre l'Asie antérieure et l'espace indo-gangétique.

Il compte aujourd'hui plus de 3,5 millions d'habitants – selon le recensement de 1998, mais les estimations récentes sont de 7 millions – répartis en sept agences tribales, semi-autonomes et d'administration fédérale[5]. La province frontière du Nord-Ouest inclut également quatre aires tribales d'administration provinciale, définies par la Constitution de 1973 comme les zones proches de Peschawar, Kohat, Bannu et Dera Ismael Khan.

Une base jihadiste

La stratégie pakistanaise à l'égard du voisin afghan relève moins de la recherche d'une profondeur stratégique face à l'adversaire indien que de la volonté d'enrayer de nouvelles revendications sur les aires pachtounes de l'est, qui éroderaient son influence sur ses confins. D'où le choix constant d'un appui aux forces islamistes ne mettant pas en avant une cause nationale, même si Islamabad n'a jamais obtenu la reconnaissance de la frontière par le régime taliban qu'il soutenait. L'islamisme afghan n'a pas comme but de raviver l'irrédentisme pachtoune issu des zones tribales dont il a néanmoins besoin comme base arrière. En facilitant l'enrôlement chez les taliban des Pachtounes pakistanais, l'Etat pakistanais et ses services ont poursuivi leur politique traditionnelle d'exportation vers l'Afghanistan du potentiel de subversion pachtoune[6].

C'est pour cette raison que, de 1947 à 2006, l'Etat pakistanais a maintenu la semi-autonomie des sept agences administrées par des « agents politiques » fédéraux, les FATA[7], où la police et les tribunaux ne peuvent intervenir. L'absence de loi fédérale et l'exercice du pouvoir par les agents politiques nommés par Islamabad et leurs forces irrégulières ont pour fonction de pérenniser la division des tribus. Ces arrangements ont été perturbés par les conséquences des guerres afghanes : installation de plus de 700 000 réfugiés, pachtounes pour l'essentiel, après 1979 dans les agences, d'abord dans le Waziristan du nord, Bajaur et Kurram, atteignant presque le niveau de la population locale. Les agences sont devenues une zone du narcotrafic et de la contrebande organisée par les transporteurs afghans et pachtounes et leurs réseaux de migrants installés dans les pays du Golfe et à Karachi. Une détribalisation s'est opérée sur laquelle les taliban ont prospéré dans ces camps et les militants islamistes ont pris l'ascendant sur les malik, avec la multiplication des madrasa radicales, liées aux associations et partis islamiques pakistanais qui exercent une influence sur les provinces afghanes voisines. Les FATA sont devenues également une zone refuge pour les taliban après 2001, les militants étrangers, notamment ouzbeks, ainsi que pour les jihadistes d'Al Qaida qui y ont trouvé des espaces propices à l'installation de leurs « bases », surtout dans le Nord Waziristan, frontalier des provinces afghanes de Paktika et de Paktya. L'armée pakistanaise a alterné incursions violentes depuis 2004 et accords d'amnistie passés en 2004 dans le Sud Waziristan et en 2006 dans le Nord Waziristan avec les *jirgah*, au pouvoir amoindri. L'année 2006 a connu une intensification des combats en Afghanistan de la part des taliban, du Hezbi Islami d'Hekmatyar et de combattants liés à Al Qaida, à partir des zones tribales pakistanaises et avec l'appui de militants pakistanais se nommant eux-mêmes taliban ou moudjahidines. Les forces alliées font face à une guerre transfrontalière et les accords antérieurs ont été dénoncés.

L'Etat pakistanais a-t-il intérêt à régler ses confins ? Cela suppose de mettre fin à leur statut dérogatoire de les intégrer dans le système fédéral au plan administratif, fiscal (création de postes douaniers et abolition de l'accord de transit avec l'Afghanistan), électoral (octroi du droit de vote depuis 1999), juridique (l'abolition de la Frontier Crime Regulation mise en place par Lord Curzon en 1901 et son remplacement par le droit général ne sont pas réalisés) et militaire (entrée de l'armée et présence militaire portée à 80 000 soldats, avec l'appui américain). L'impératif sécuritaire l'y pousse. Le peut-il ? Il faudrait que les forces politiques d'un Etat né en 1947 sur une base exclusivement idéologique – rassembler les musulmans du sous-continent indien – permettent aux autorités militaires d'aller au bout de cette étape de la construction étatique, par des réformes dans les régions tribales qui sont réclamées par des partis politiques comme le parti national Awami.

Une reconnaissance de la ligne Durand par l'Afghanistan serait l'aboutissement de cette normalisation, mais elle priverait le Pakistan de moyens d'action sur son turbulent voisin qui bénéficie d'une assistance indienne accrue. Kaboul exigera en contrepartie des garanties de non-ingérence politique de la part du Pakistan, des facilités de transport par un corridor vers les ports de l'océan Indien, Gwadar ou Karachi, et l'abandon de tout projet de barrière et de mines à la frontière.

En tout état de cause, il n'était pas illogique que les dirigeants d'Al Qaida – « la base », en arabe – aient choisi, après l'échec du premier jihadistan afghan, d'établir, dans les conditions géopolitiques si particulières des zones tribales pachtounes, l'une de ses bases territoriales et opérationnelles, comme elle l'avait tenté dans la Somalie en crise, peut-être dans les confins sahéliens ou comme elle l'a réussi en Irak central, terrain d'entraînement pour des jihadistes pachtounes qui agissent aujourd'hui en Afghanistan. En 1947, ce sont des combattants pachtounes des zones tribales qui furent envoyés dans le Cachemire pour conquérir sa partie occidentale.

La ligne de contrôle du Cachemire

Depuis la partition de l'Inde en 1947, l'Union indienne et le Pakistan sont en situation d'hostilité ouverte – ils se sont livrés quatre guerres – ou latente – la détention de l'arme nucléaire incite, dans cette région, à la retenue –, bien que les deux pays entretiennent des relations diplomatiques. L'un des enjeux en est le Cachemire, dont les plateaux qui le bordent à l'extrême nord ont été conquis par la Chine, alliée du Pakistan, en 1962 (Aksai Chin) et qui assure l'entretien de la route du col de Khunjerah, *via* la partie sous contrôle pakistanais. Le Pakistan considère la partie du Cachemire rallié à l'Inde en 1947 comme un objet de contentieux et récuse que la ligne de contrôle soit une frontière selon la version indienne. Cet Etat dont la raison d'être fut et est de regrouper les populations musulmanes a comme objectif un partage du territoire en incluant la vallée de Srinagar, les régions de peuplement hindou et bouddhiste du Ladakh et du Jammu pouvant revenir à l'Inde. Laquelle refuse une redéfinition de frontières selon un critère ethnico-religieux qui est contraire à son principe fondateur de laïcité.

Pour transformer *de facto* la ligne de contrôle en frontière, l'Inde a initié de 2001 à 2006 une tactique de clôture. La double rangée de barbelés est parallèle à la LoC, ligne de contrôle fixée en 1972 lors des accords de Simla pour séparer les forces armées, mais en est éloignée, à des distances variables selon la topographie. La LoC n'avait jamais été matérialisée sur le terrain. L'objectif tactique est d'interdire les incursions de combattants cachemiris depuis les secteurs de l'Azad Cachemire sous contrôle pakistanais. Il s'agit d'un dispositif de plus de 500 km, en partie électrifié et équipé de radars et de capteurs thermiques contre les intrusions, les ouvriers ayant été protégés par un mur de boue. L'armée indienne a acquis la technologie de surveillance en Israël, devenu le second fournisseur d'équipements militaires après la Russie. L'intention stratégique est de conférer à la ligne de contrôle un caractère de frontière permanente et ouverte (*soft border*). L'armée indienne juge que les infiltrations ont été freinées sans être arrêtées. L'ouverture en 2005 d'un point de passage pour les autocars (entre Srinagar et Muzzaffarabad) semble indiquer une volonté politique d'apaisement et les rencontres officielles se multiplient : « Dans un esprit nouveau, l'importance des frontières doit disparaître », a déclaré le président pakistanais Musharraf après avoir assisté à New Delhi à un match de cricket entre les deux équipes nationales en compagnie de son homologue indien Manmohan Singh (17 avril 2005). Ce climat peut à tout instant être remis en cause par les forces nationalistes indiennes. Mais il est vrai que le conflit structurel entre les deux pays pèse sur le développement des échanges économiques (ils réalisent entre eux moins de 1 % de leur commerce) et doit être dépassé pour régler d'autres questions d'intérêt commun comme la construction d'un gazoduc entre l'Iran et l'Inde *via* le sud du Pakistan. Comme le note Jayita Ray, « au plan politique, la politique de clôture signale l'acceptation finale de la réalité de la partition, au moins de la part de l'Union indienne[8]».

Cette méthode de contrôle fait partie d'un programme indien global pour 2000-2008 de construction de barrières et de systèmes d'éclairage de nuit et de rocades sur toute sa dyade avec le Pakistan, dans le Punjab et le Rajastan, sur près de 2 000 km, pour un coût de 2 milliards de dollars.

Le précédent des murs marocains dans le désert saharien

Les murs successifs du Sahara occidental constituent un précédent dans la gestion unilatérale d'un contentieux territorial. L'indépendance de l'ancienne colonie du Rio de Oro avait été récusée dès le premier jour par le royaume chérifien sur fond de droits historiques, et revendiquée par le Front Polisario, soutenu par l'Algérie pour qui il s'agit d'une question de décolonisation. Pour affirmer la marocanité de ce vaste territoire a été entreprise à partir de 1980 la construction de six murs successifs dont le premier a protégé le triangle utile El Aïoun, Smara et les mines de phosphates de Bou Craa et le plus oriental a été tracé sur environ 1 500 km à proximité de la dyade avec l'Algérie pour englober environ 85 % du Sahara occidental jusqu'à la côte et la frontière avec la Mauritanie. Le reste, dépeuplé et sans ressources, est concédé au Front Polisario. Il s'agit d'un système complexe de levées de sable et de pierres, formant rempart, équipé de radars et de moyens de surveillance électronique, gardé par 130 000 soldats et élément d'un espace miné[9]. Ce dispositif a été efficace comme élément d'un ensemble incluant la diplomatie et l'économie. Puissant levier d'unité nationale, le contrôle des « provinces du sud » coûte cher au Maroc : la moitié du budget de la défense et des investissements élevés dans les infrastructures (2,4 milliards de dollars en trente ans et 870 millions pour 2004-2008)[10], sans compter le soutien aux personnalités sahraouies ralliées. Le contentieux n'est pas réglé ; la proposition marocaine d'autonomie sous souveraineté de Rabat se heurte à la volonté d'autodétermination du Front Polisario, toujours appuyé par l'Algérie. Les conséquences sont sérieuses pour les réfugiés sahraouis. Les négociations directes qui se sont ouvertes à New York peuvent-elles aboutir alors que la question centrale réside dans la rivalité entre Maroc et Algérie dans le Maghreb ?

Ce blocage lié à l'opposition entre deux régimes politiques fort distincts n'entrave pas la tenue de foires commerciales et les visites d'hommes d'affaires à qui nul visa d'entrée n'est exigé s'ils voyagent par avion. Un de ses effets est que la frontière algéro-marocaine reste fermée depuis 1994, ce qui est une anomalie dans cet ensemble maghrébin situé aux portes de l'Europe et dont le destin serait mieux assuré par une stratégie d'intégration, qui semble n'intéresser à ce stade que les Européens. A quand une détente, une entente et une coopération entre l'Algérie et le Maroc, pour citer les deux pays dans l'ordre alphabétique, sur la base, entre autres, de l'expérience franco-allemande, pour donner du contenu ensuite à une stratégie euro-méditerranéenne ?

La clôture de sécurité entre Israël et les territoires palestiniens, future frontière

Le conflit israélo-palestinien est largement une querelle territoriale entre un Etat récent (1948) qui est en passe d'atteindre ses objectifs spatiaux sans pouvoir le faire accepter par l'autre partie et un mouvement national palestinien, forgé à partir des années 1960 en opposition systémique au projet national israélien et aspirant lui-même à la souveraineté territoriale. Conflit asymétrique aux dépens d'une entité qui n'a jamais été ni n'est un Etat, qui a perdu son unité politique du fait de la rivalité, idéologique et géographique, entre le Fatah (qui contrôle six aires urbaines sur dix en Cisjordanie) et le Hamas (à Gaza), qui n'a ni ouverture physique sur l'extérieur, sauf par un seul point de passage sur le Jourdain, ni contrôle direct de ses limites et des ressources qui lui sont attachées. Confrontation d'autant plus existentielle qu'elle porte sur de petits espaces (la Cisjordanie est aussi étendue qu'un département français moyen), mais dont la valeur symbolique est démultipliée par une très longue histoire, nourrie de références spirituelles et de ressentiment de la part des acteurs régionaux. L'importance des enjeux territoriaux est rappelée par l'abondante représentation cartographique qui l'illustre, issue des meilleures sources des groupes d'étude israéliens, incluant des militaires en retraite rompus aux analyses de terrain, et palestiniens critiques, qui avaient souvent tardé, sous Arafat, à admettre la dimension spatiale des enjeux. Plus les enjeux gagnent en transparence, moins le règlement progresse, puisque les intérêts particuliers – colons, forces de sécurité, mouvements intégristes – ont acquis une forte visibilité. Et en réponse aux critiques émises à l'encontre des nouvelles pratiques frontalières, les autorités israéliennes se défendent en parlant de clôture et non de « mur » et en détaillant les autres cas de barrière en cours d'édification dans le monde. En effet, la « barriérisation » se banalise et relativise chaque expérience singulière.

La question centrale est donc, dans le rapport de force tel qu'il est, de savoir à quel moment et sur quelles bases spatiales Israël – ses gouvernements de coalitions et ses forces politiques, ses opinions souvent polarisées, avec l'aval de l'allié américain sensible à cette aventure biblique moderne – en viendra à décider que le projet national a atteint ses objectifs territoriaux, avant de s'efforcer de le faire entériner par la partie palestinienne. Car le projet est d'assurer la spécificité juive de son Etat en une stratégie d'autopréservation nationale[11]. Malgré la présence d'une minorité arabe de citoyenneté israélienne en Galilée, dans le Triangle et Haïfa, le judaïsme est le fondement de l'Etat et doit rester compatible avec un régime démocratique. Pas de place donc pour des scénarios d'Etat binational ou de confédération israélo-palestinienne *de jure*, même si dans les faits s'exerce une sorte de cogestion asymétrique et conflictuelle à l'ouest du Jourdain. Certains prennent conscience en Israël que la mondialisation exerce de fortes pressions contraires aux Etats-nations et que par conséquent le « temps joue contre Israël ». C'est pourquoi les géographes israéliens s'étonnent toujours des pratiques européennes de dévaluation des frontières alors que leur Etat est dans une phase historique exactement inverse.

Sept limites et lignes de clivage

Depuis l'origine, la question des limites ultimes du territoire israélien est posée et débattue, puisque chaque force politique a ses propres cartes mentales, ainsi que l'armée et les services de sécurité. Sept types de limites et clivages fonctionnent en même temps :

1. Des limites stratégiques de sécurité externe, le versant oriental de l'anticlinal de Cisjordanie et la dépression de la vallée du Jourdain, le plateau du Golan et les abords du mont Hermon, le fleuve Litani, l'est du Sinaï.

2. Les frontières politiques agréées, avec l'Egypte et la Jordanie, qui reprennent des démarcations britanniques ; une simple ligne d'armistice avec le Liban mais qui suit un tracé mandataire ; une frontière contestée avec la Syrie qui entend récupérer le plateau du Golan et revendique le retour à une ligne bordant la rive orientale du lac de Tibériade et le contrôle des sources du Jourdain. La Ligne verte entre l'Etat d'Israël et la Cisjordanie résulte de la guerre de 1948-1949 et a été fixée lors des accords d'armistice de Rhodes, en 1949. Après 1967, elle a eu une fonction administrative, bien que la Cisjordanie n'ait jamais été formellement annexée.

3. Les limites de l'espace israélien au sens d'aire d'extension du peuplement. Or, celle-ci n'a jamais été linéaire ; il s'agit d'une stratégie éprouvée d'implantation menée dès l'origine, puisque c'est sur la base d'un réseau de près de 800 implantations que s'est réalisée la formation initiale du territoire israélien : ce qui compte est moins la taille des points que leur position les uns par rapport aux autres conçue de manière à former des systèmes spatiaux, les blocs, aptes à mailler l'espace et à servir de relais, en cas de conflit, à une guerre de liaison[12].

4. Les limites administratives externes des enclaves palestiniennes, où, selon les termes du protocole de Paris signé avec l'OLP, Israël exerce, au nom de l'Autorité palestinienne, le prélèvement douanier sur les importations et exportations, TVA et droits de douane, soit le tiers du revenu de l'Autorité palestinienne (Alvaro de Soto, rapport de fin de mission à l'ONU, mai 2007).

5. Les limites de la sécurité interne qui s'exercent à l'ouest par la clôture de sécurité où le nombre de passages est réduit à 21 sur toute la longueur et en Cisjordanie par des points de contrôle gardés et une série d'obstacles physiques tels que des barrages routiers, des portails de routes, des remblais et des tranchées, au nombre de 535 (juin 2007). Il en résulte une fragmentation accrue par la gamme de systèmes de permis pour restreindre l'usage des routes. Il n'est plus possible aux Palestiniens de traverser Jérusalem ; il faut la contourner par une mauvaise route passant à l'est et qui franchira la clôture par des tunnels. L'espace est durablement fragmenté.

6. Le clivage profond lié au différentiel de niveau de vie, dans un rapport de 1 à 18, d'où l'attraction encore exercée par le marché israélien du travail ; on estime à 200 000 le nombre de résidents palestiniens illégaux en Israël.

Manque une septième limite, celle qui devrait faire frontière avec un éventuel Etat palestinien si la formule des deux Etats dans l'ancienne Palestine mandataire est viable. Sur quelle base ? Sur celle du tracé de la Ligne verte ? Les résolutions de l'ONU se réfèrent à la Ligne verte, c'est-à-dire la frontière de 1949-1967, même si celle-ci avait disparu des manuels scolaires israéliens jusqu'à sa réintroduction dans les programmes en 2006 par Youli Tamir, ministre travailliste de l'Education, vivement critiquée par le Likoud et des rabbins des colonies et soutenue par l'historien Zeev Sternhell pour qui une fois réalisé le programme du sionisme dans le cadres des frontières fixées jusqu'alors, « point n'était besoin d'aller plus à l'Est : les territoires sont un fardeau pesant, un joug moral, politique et économique qui pèse sur le cou de la société israélienne[13] ». Sur celle des territoires actuels des implantations ? Les implantations sont dispersées mais doivent être incluses dans l'Etat en formation, si l'on en croit Ehoud Olmert, qui rappelle que le gouvernement est opposé à un retour aux frontières de 1967 et pour lequel cela reflète un consensus dans la population.

Face à un mouvement continu d'extension depuis 1967, le fait de clôturer signifie que pour la première fois, Israël juge que le temps est venu de donner des limites spatiales fixes et définitives au projet du sionisme, retour à Sion. C'est une bifurcation majeure que les critiques sur l'impact local de sa construction et son unilatéralisme interdisent de comprendre. Le débat politique peut porter sur les tracés, mais la clôture bâtie à des fins initiales de sécurité est en voie de s'imposer comme la limite orientale durable d'Israël, projet national et territorial en voie d'achèvement. Comme l'indique Tzipi Livni, ministre des Affaires étrangères : « Israël est né il y a moins de soixante ans. Jusqu'en 1967 Gaza était égyptien et la Cisjordanie territoire jordanien. Aujourd'hui on parle d'Etat palestinien. Soixante ans, c'est peu, au regard de l'Histoire. »

Dans le même temps, la clôture comme dispositif linéaire marque la fin de la stratégie de progression par points successifs faisant réseau et les englobant en blocs, en priorité dans l'aire du très grand Jérusalem. Elle est donc le moyen technique, sous couvert de sécurité, d'une extension territoriale au-delà de la Ligne verte.

La clôture de sécurité

La clôture de sécurité, qui est une barrière large et complexe de soixante mètres de large (tranchée, deux routes de patrouilles, des rangées de barbelés, une barrière de détection des intrusions, et des postes d'observation et d'alerte précoce) et prend la forme d'un mur de séparation haut de huit mètres dans plusieurs sections urbaines, a été décidée le 14 avril 2002 par le gouvernement israélien et sa construction confiée au comité ministériel de sécurité, selon le plan préparé par le Conseil de sécurité nationale du ministère de la Défense. Elle résulte d'une pression de l'opinion dans un contexte de violence extrême. L'historien Elie Barnavi rappelle qu'à l'origine c'était une idée de gauche, pour épargner des vies et réaffirmer sur le terrain la frontière entre Israël et l'Etat palestinien à venir[14] et que pour cette raison Sharon n'en voulait pas, mais dut s'y rallier sous la pression de l'opinion, en doublant l'objectif sécuritaire à l'échelle locale d'une stratégie d'inclusion d'un maximum de colonies à l'ouest du tracé. De sorte que la clôture une fois achevée sera presque trois fois plus longue (930 km) que la Ligne verte de 1967 (350 km) et représentera près de deux fois le tracé à finalité politique des accords de Genève qui n'incluait pas de villages palestiniens à l'ouest de la ligne (445 km). La clôture inclura une quarantaine d'enclaves et 389 000 résidents palestiniens dont 186 000 à Jérusalem-Est. A la demande de plaignants palestiniens soutenus par des organisations de défense des droits de l'homme, elle a été modifiée plusieurs fois sur ordre de la Cour suprême israélienne pour des aménagements locaux actés au nom du principe de proportionnalité entre les impératifs de sécurité et l'exercice des droits des villageois coupés de leurs terres. Elle est considérée en Israël comme très efficace pour réduire les infiltrations à visée terroriste. Son coût est d'ores et déjà supérieur à 1,2 milliard d'euros.

Il s'agit d'une limite de séparation unilatérale. Séparer mais aussi, à cette occasion, arrondir le territoire, en englobant le maximum de superficie – points stratégiques, routes et réserves foncières – en incluant le minimum de populations palestiniennes. Même s'il semble exister un soutien majoritaire en Israël au principe de cette politique, bien des critiques, de plus en plus sévères, s'élèvent, en Israël même, notamment en raison des contraintes insupportables qu'elle fait peser sur les villages enclavés et séparés de leurs terres et des entraves à la circulation des personnes et des biens. L'examen des cartes montre bien les effets d'enclavement qui sont imposés, par exemple à Kalkilya, ville située sur Ligne verte et qui n'a plus qu'une seule ouverture, vers l'est ; 8 000 habitants auraient quitté la ville depuis le début de la clôture. Elle participe de la crise économique qui frappe la Cisjordanie. C'est donc d'abord aux échelles locales que l'impact est le plus vif. La logique territoriale, politico-sécuritaire, bouscule la logique spatiale, c'est-à-dire la géographie humaine palestinienne. Par ailleurs, à l'échelle régionale, le tracé retenu par Ariel Sharon et le colonel Tirza vise non seulement à englober la majorité des blocs de colonies, mais à inclure des réserves foncières, notamment dans les secteurs situés entre l'est de Jérusalem et la ville de Ma'ale Adoumim. C'est donc une limite d'inclusion. Disposées comme les pièces d'un jeu de go, les colonies font système dès lors qu'elles sont reliées entre elles. Donc, la formation du territoire politique israélien se poursuit, jour après jour, avec des critères de délimitation qui, sous couvert de sécurité, obéissent à un plan d'aménagement régional fixé à très long terme, sans doute quatre décennies si l'on en juge par les projections démographiques et les conclusions qui en sont tirées en termes de superficie. Le plan de la clôture révèle l'objectif final aux yeux des forces politiques qui le poursuivent. Il pourrait être revu à la baisse sans porter atteinte à la sécurité et en limitant les dommages pour les civils palestiniens et l'inquiétude des colons. En effet, des tracés alternatifs ont été proposés : plus courts (508 km incluant Ma'ale Adoumim et 52 km autour du bloc d'Ariel), plus réduits en surface englobée (320 km^2 au lieu des 1 150 km^2 dans le schéma actuel) et n'affectant qu'une trentaine de milliers d'habitants palestiniens. Une longueur moindre et la suppression de la majorité des portes agricoles reliant les villageois à leurs terres réduiraient le nombre de forces chargées de la sécurité et les occasions de tensions[15]. Cela supposerait de résister aux intérêts bruyants des colons.

La clôture dessine une frontière de fait, de fabrication unilatérale et dont on voit mal qu'elle puisse être renégociée. C'est toujours la même histoire, écrit le géographe David Newman, nous créons d'abord des faits sur le terrain et puis nous attendons d'une certaine façon que le monde entier s'aligne sur les nouvelles réalités[16]. Les enjeux à venir sont à l'est : maintien d'un système de double voirie et du contrôle du versant oriental des collines de Cisjordanie, statut final de Jérusalem, refus israélien de faire place à un retour des réfugiés. La stratégie d'extension au-delà de la clôture crée des faits accomplis qui pèseront sur les relations entre les deux Etats. En effet, une des conditions de la viabilité d'un Etat palestinien sur son territoire tel qu'il est réside dans le maintien d'une série de relations, au moins économiques et de sécurité, avec Israël. Leur imbrication et le contrôle des axes de circulation imposent une interdépendance, asymétrique, même en cas d'indépendance politique palestinienne. On relève d'ailleurs de petits arrangements avec les limites, notamment entre Hébron et Bersheeva, étudiés par Cédric Parizot[17]. Les passages continuent, car le Néguev en croissance a besoin de main-d'œuvre dont les contrôles renforcés compliquent inutilement l'existence. Avec la clôture, la main-d'œuvre, de légale, est devenue illégale.

La clôture, palliatif navrant mais nécessaire selon Elie Barnavi, sépare deux sociétés qui ne veulent plus « se voir ». Les Palestiniens ont vocation à devenir invisibles. Alors que dans le passé, avant les Intifadas, les interactions existaient, par les migrations légales de travail, y compris sur les chantiers des colonies et les terres de culture. La barrière accélère la formation de deux représentations antagonistes, renforce les divergences et cristallise les identités. Elle disjoint les espaces vécus. Dans le règlement à venir une coordination entre les deux Etats voisins devra être imaginée et négociée pour la gestion des territoires. En l'absence d'accords ou même de négociation, celui qui trace frontière impose une limite qu'il juge bonne. Mais elle n'est pas jugée légitime par l'autre. Frontière idéale ? Certains en doutent : « La frontière idéale n'est-elle pas celle qui donne à chaque peuple le sentiment d'être libre chez soi, parce que, alors, la frontière peut être un lieu de rencontre et de coopération plutôt qu'une ligne de confrontation ? » a écrit Théo Klein à Ariel Sharon en visite à Paris[18].

MURS ET BARRIÈRES PROPHYLACTIQUES

Ailleurs, on cherche à appliquer des techniques militaires ou phytosanitaires pour se protéger des intrus, comme s'ils étaient porteurs de virus.

Avec le Bangladesh, l'Union indienne a appliqué la même méthode de clôture qu'avec le Pakistan, mais pour des motifs distincts. Il s'agit de la plus longue dyade d'Asie, 4 053 km. Son dessin est tel que les Etats du Nord-Est indien parfois séparatistes (Assam, Tripura, Nagaland) ne sont reliés au reste de l'Union que par un très étroit corridor, dit le cou de poulet, entre Népal et Bangladesh. C'est également une frontière fluide qui traverse le système deltaïque du Bengale, aux rivières instables et aux terres très densément peuplées. Les conditions insolites de la partition ont provoqué la création de 162 enclaves, dont 111 peuplées d'Indiens en territoire bangladais. Les princes les jouaient aux cartes. 40 % de la dyade a déjà été équipée. Un accord d'élimination des enclaves a été conclu en septembre 2011, qui affecte 52 000 habitants des deux pays.

L'objectif indien est de freiner les migrations vers un nord-est peu peuplé et un Bengale occidental déjà très dense mais qui relève du même ensemble culturel et linguistique. Calcutta reste la référence sociale, intellectuelle et culturelle des Bengalophones du pays voisin ; la réouverture de la voie ferrée entre Calcutta et Dacca en juillet 2007 renforcera son attraction. On compterait entre 16 et 20 millions de travailleurs bangladais résidant illégalement dans les régions indiennes bordières. D'où parfois une représentation d'un risque de formation d'un « grand Bangladesh » aux dépens du Nord-Est indien. En outre, les groupes armés dissidents des Etats du Nord-Est trouvent dans le pays voisin un sanctuaire. Enfin, depuis 1991, New Delhi juge le pays voisin vulnérable à l'islamisme radical. La dimension sécuritaire de barrière aux infiltrations armées pèse désormais autant que la gestion des flux de population dans la décision d'étendre l'installation de la clôture métallique et d'éclairages nocturnes et l'ouverture de routes de patrouille à la totalité de la dyade, pour un coût d'un milliard de dollars. Son tracé est créateur de nouvelles enclaves et aggrave la situation des autres, les paysans indiens se sentant réfugiés sur leurs propres terres (« Indiens à l'aube, Bangladais au crépuscule »), perturbe la vie quotidienne, divise des communautés et encourage la contrebande. Il va sans dire que Dacca voit cette clôture comme un acte hostile et que, de ce fait, aucune patrouille commune n'est organisée pour stopper les incursions des groupes armés ; cette ligne durcie – pas partout, car elle est souvent submergée dans le Bengale occidental – ne contribue pas à régler les problèmes de sous-développement régionaux. Mais au moins les gouvernements indiens manifestent-ils à l'opinion leur capacité à reprendre le contrôle de la frontière[19].

En Afrique australe, la technique des barrières phytosanitaires et de séparation des parcs naturels animaliers est ancienne, comme entre la Namibie et le Botswana et autour de l'Afrique du Sud. Dans certains endroits sensibles, elle fut détournée de son usage pacifique durant le conflit entre les forces armées sud-africaines et l'ANC, en particulier par le renforcement de la clôture métallique à l'est du parc Kruger avec l'actuel parc du Limpopo. La paix revenue, des sections ont été démantelées pour permettre la migration des éléphants en surnombre. En janvier 2003, après l'apparition de cas de maladie de la vache folle au Zimbabwe, le Botswana, pays traditionnel d'élevage, équipé en abattoirs et en centres de recherche vétérinaire, et exportateur vers l'Europe, a décidé d'ériger une barrière de 500 km en commençant par le secteur situé au nord-est de la ville de Francistown, à la demande des éleveurs et, semble-t-il, de l'Union européenne. Cette barrière devait être électrifiée. Elle a provoqué une controverse avec le gouvernement du pays voisin, dont la crise économique durable encourage une émigration accrue vers les deux Etats situés à sa frontière méridionale. Le Botswana, six fois moins peuplé que le Zimbabwe mais qui fait figure de pays riche (diamant), attire, et redoute les conséquences sociales (il compterait une centaine de milliers d'illégaux et des opérations de rapatriement sont menées chaque mois) et politiques. Le budget prévu pour l'électrification a été affecté au recrutement des personnels de contrôle. Le régime autoritaire et contesté d'Harare a dénoncé une tentative de créer une « nouvelle bande de Gaza ».

Le dilemme sécurité et liberté ou la frontière américaine comme scène politique

Le retour des frontières a été symbolisé par la remise en vigueur des pratiques de séparation physique sous forme de « murs » à fonction première de barrières migratoires. D'abord entre l'Espagne et le Maroc avec la création d'un nouveau périmètre frontalier autour de l'exclave de Ceuta à partir de 2001 (coût de 400 millions d'euros).

Le 25 octobre 2006, le président Bush a signé la loi autorisant la construction d'une clôture de 1 100 km sur cinq segments de la dyade américano-mexicaine, approuvée par le Sénat et la Chambre des représentants le mois précédent sous le nom de « Secure Fence Act », avec un budget de 1,2 milliard de dollars et préparée par la parti républicain dans le contexte des élections à mi-parcours au Congrès. A la même période, la firme Boeing, avec Unisys comme sous-traitant, a remporté un appel d'offres d'au moins 2,5 milliards pour équiper en quatre ans les deux frontières terrestres des Etats-Unis avec un réseau de 1 800 tours de surveillance dotées de capteurs et de caméras. Lockheed Martin, Northrop Grumman, Raytheon et Ericsson s'étaient portés candidats. Le contrat précédent de Boeing pour le Département de la sécurité intérieure, dont dépendent les garde-frontières, avait porté sur l'équipement de 400 aéroports en systèmes de détection des explosifs (coût de 1,2 milliard de dollars) dans les six mois qui avaient suivi la tragédie et le traumatisme du 11 septembre 2001. Pour Boeing, ces contrats offrent un accès à un nouveau marché en forte expansion de la sécurité intérieure, dont la partie frontalière est financée par la SBI-net, Secure Border Initiative. Un des arguments avancés est que le secteur privé, bien informé des défaillances des garde-frontières et des douaniers dénoncées par les républicains, est à même, par sa capacité d'ensemblier, de combiner technologie, infrastructures et ressources humaines pour obtenir les résultats immédiats recherchés par les autorités politiques. Cet objectif public de reprise de contrôle de la frontière passe par la privatisation partielle de sa gestion et une coopération entre les Départements de la sécurité intérieure et de la défense. L'expertise militaire est transférée vers des domaines civils, au prix d'un amalgame entre migration illégale, criminalité et risques terroristes. On sait que les auteurs des attentats du 11 Septembre n'étaient pas entrés par le Mexique ni d'ailleurs par le Canada, mais avec des visas américains en règle.

Enjeux industriels donc, militarisation des techniques, mais aussi volonté de mettre en scène l'exercice de la « responsabilité de sécuriser nos frontières » selon G. Bush, qui avait déploré leur perte de contrôle pendant des décennies. La priorité initiale de G. Bush n'était pas de mettre l'accent sur les frontières mais sur les modalités de régularisation des 12 millions de migrants illégaux déjà présents aux Etats-Unis, récusée par nombre de républicains. Les démocrates ont réduit le budget alloué et estimé que la construction d'une barrière serait impossible dans les étendues de montagnes, de ravines et de désert du sud de l'Arizona. Le coût réel estimé varie de 8 à 30 milliards de dollars. La barrière a donc peu de chance d'être construite selon le plan initial : 35 km à Tecate, 580 entre Calexico et Douglas, pour fermer le sud de l'Arizona, 140 km entre Colombus et El Paso, 80 entre Del Rio et Eagle Pass et 280 entre Laredo et Brownsville (sur la base de l'amendement du congressiste Hunter). Le gouvernement mexicain a aussitôt rejeté ces mesures simplistes et unilatérales de gestion d'une relation migratoire complexe, qui est en réalité un facteur clé du développement du Mexique, au même titre que les exportations ou le tourisme.

120 km de clôture ont déjà été construits, dont celle entre San Diego et Tijuana, inachevée en raison de litiges sur l'environnement, et dans le sud du Texas. Les autorités américaines estiment que ce dispositif a valeur de dissuasion (480 000 arrestations en 1996 et 100 000 en 2001). En réalité, les entrepreneurs de passages clandestins ont déplacé vers l'est leur activité et multiplié leur prix par dix, de 200 à 2 000 dollars. L'aéroport d'Hermosillo dans le Sonora mexicain a désormais un trafic aussi important que celui de Tijuana, et conduit vers Nogales et Tucson en Arizona[20]. Les arrestations se localisent maintenant dans les districts de patrouille frontalière de Tucson (38 %), Yuma et El Centro (17 %) contre 11 % pour San Diego et 12 % pour Rio Grande, à l'extrême est, et 10 % à El Paso. Et plus de la moitié des victimes se comptent au sud de l'Arizona (473 morts en 2005, dont 260 au sud de l'Arizona).

Les chiffres indiqués par le Sénat[21] sont d'environ un million d'étrangers appréhendés et refoulés par la Border Patrol chaque année (1,8 en 2000, 1,4 en 2001, 1 en 2002 et 2003) et de deux millions qui franchissent la Linea (Mexicains pour la moitié, Centre-Américains pour un quart, les autres venant d'Asie, dont 5 % de Chine et 3 % du Vietnam). La Border Patrol dispose d'un garde pour 2,5 km au sud. La gestion était devenue plus rigide sous la présidence Clinton en 1997, avec les opérations Hold the Line à El Paso et Gatekeeper au sud de San Diego destinées à réduire le trafic de drogue.

La problématique de la frontière États-Unis/Mexique est généralement décrite sous le seul angle de la migration illégale. Or, les chiffres précédents sont non pas à comparer, mais à mettre en parallèle avec celui-ci : la dyade est traversée par 400 millions de personnes, Mexicains et Américains, chaque année, soit plus d'un million de traversées par jour. Les segments urbanisés de la frontière forment dix villes-doublets construites autour de la mise en valeur de la Linea : aire métropolitaine San Diego-Tijuana mais qui s'étend en fait de Los Angeles à Ensenada, Mexicali-Calexico, les deux Nogales, Agua Prieta-Douglas, Ciudad Juarez-El Paso, Ciudad Acuna-Del Rio, Piedras Negras-Eagle Pass, Nuevo Laredo-Laredo, Reynosa-MacAllen et Matamoros-Brownsville. Dix villes seulement sur 3 200 km, avec un fonctionnement en corridors nord-sud. On compte environ 14 millions d'habitants dans les districts limitrophes et une trentaine de millions dans les métropoles régionales qui les englobent. El Paso-Ciudad Juarez est le plus grand « borderplex » industriel du monde. La moitié des 25 millions de Mexicains résidant aux Etats-Unis vivent à moins de douze heures de la Linea et 30 % de la population des comtés américains frontaliers est d'origine mexicaine.

Les réalités quotidiennes sont bien connues par les travaux du Colegio de la Frontera à Tijuana : asymétrie économique, usage du différentiel de salaires dans les 2 700 unités d'assemblage *(maquiladoras)*, mobilité dans les deux sens pour les achats, les services (notamment médicaux), développement du tourisme et de l'immobilier de résidence pour les retraités américains ou les employés, y compris des services de police américains. Dix pour cent des habitants de Tijuana sont nord-américains. Pour les autorités mexicaines, qui ont multiplié les programmes économiques frontaliers depuis les années 1960, le Nord bordier est une région prioritaire de développement. Pour le voisin du Nord, c'est une aire de sécurité. La Linea est le support d'interactions quotidiennes. Elle est également un facteur de croissance dans les comtés américains, Laredo et MacAllen étant parmi les dix villes à forte croissance aux Etats-Unis, un doublement de la population étant attendu sur trente ans[22]. La force qui structure les interactions autour de la Linea est le marché. Cet ensemble régional de villes-doublets a connu une hausse spectaculaire des échanges commerciaux depuis l'entrée en vigueur de l'Alena (Association de libre échange nord-américain ou Nafta) en 1994, en écho au traité de Maastricht de 1992 : 13 000 camions franchissent la Linea chaque jour, 63 % de plus qu'en 1994 ; le commerce trans-frontalier terrestre se monte à 225 milliards de dollars pour un total d'échange de 300 milliards ; cinq corridors méridiens de transport bi- ou trinationaux et multimodaux ont été promus en Amérique du Nord, sous l'influence des entreprises et métropoles pour créer un espace rendu plus lisse par des aménagements juridictionnels de franchissement des frontières. Ces facilités nouvelles ont contribué à augmenter la part des ports de conteneurs mexicains de la côte Pacifique dans l'importation de produits asiatiques destinés aux Etats-Unis, au long de l'axe Lazaro Cardenas-Kansas City.

L'introduction de mesures de sécurité renforcées après septembre 2001 sur les 36 ports d'entrée des Etats-Unis a signé la fin de la « frontière sans couture » *(seamless border)* et le retour de la barrière qui complique les liens sociaux et familiaux, l'accès à la santé, et renchérit tous les coûts sans interdire le passage. L'accord « Smart Border » de mars 2002, inspiré de celui avec le Canada, visait à améliorer les infrastructures et le contrôle en amont et la traçabilité des marchandises. Les flux quotidiens n'ont pas été interrompus mais ralentis, avec des temps d'attente passant de vingt ou trente minutes à deux à trois heures. Barrières non tarifaires en quelque sorte, liées aux temps d'attente à une frontière utilisée par le système productif du juste à temps, avec un surcoût estimé entre 0,8 % et 1 % du prix des produits[23] Autant de camions et plus de pollution, moins de voitures et plus de piétons et de vélos, des prix finaux plus élevés, des stratégies d'adaptation locale aux mesures décidées par le pouvoir central dans les deux capitales. L'accent placé sur une gestion à visibilité renforcée de la frontière la plus fréquentée et active du monde, qui reste gouvernée par le marché, a élevé le niveau de sécurité sans contribuer à régler les questions plus essentielles de régulation du marché du travail dans une situation d'interdépendance asymétrique[24]. En l'absence de projet d'intégration politique, il n'y a pas de gestion commune de l'ensemble frontalier ni d'approche concertée de développement régional. Le 15 février 2011, un rapport du GAO (Government Accountability Office) de Washington estimait que 15 % seulement de la dyade américano-mexicaine étaient « contrôlés » (par détection et interdiction) et que 85 % étaient seulement « gérés » après que les entrées illégales se soient réalisées, malgré un budget de 43 milliards de dollars et l'emploi de 21 670 agents de la Patrouille à la Frontière (Border Patrol).

Où s'arrête cette frontière ? interroge Jorge Santibanez Romellon. Elle est définie par le processus social, économique et culturel qui s'y déroule. Pour certains, cette frontière est située là où commence et finit le pays, pour d'autres, c'est simplement un espace de vie qui offre deux options pour presque tout, même celle d'inscrire ses enfants sur les registres de naissance des deux pays, tout illégal que cela puisse paraître[25].

Qu'en est-il au nord ? Jusqu'en 2001, la dyade américano-canadienne avait la réputation d'être la plus longue frontière non défendue du monde. On y comptait trente fois moins de garde-frontières qu'au sud ; la moitié des 126 points de passage n'étaient pas gardés la nuit et la principale illégalité était le trafic de cigarettes à travers trois réserves indiennes. L'interdépendance commerciale est intense avec 1,3 milliard de dollars d'échanges par jour, avec 40 000 camions quotidiens, au trafic concentré sur six postes principaux : Lacolle, Sarnia, Niagara Falls, Fort Erié, Windsor – le pont Ambassadeur entre Windsor et Detroit en assure à lui seul le quart – et Douglas en Colombie britannique. L'économie canadienne dépend à 40 % du marché américain et on compte 32 millions de passages par des citoyens des Etats-Unis et 38 millions par des citoyens canadiens chaque année.

Deux mois après septembre 2001, Washington et Ottawa se sont entendus sur l'objectif de création d'une « frontière intelligente pour le XXIe siècle soutenue par une zone de confiance nord-américaine ». Un plan d'action en 32 points a précisé cette *smart border* (identification biométrique, carte de résident permanent, gestion harmonisée des visas, dédouanement en amont...). En bref, maintenir ouverte l'une des frontières les plus traversées du monde en instituant des circulations sécuritaires, sous forme de surveillance vidéo permanente, d'individualisation des passagers *via* le programme Nexus et de traçabilité des flux commerciaux. Trois options étaient envisageables : un durcissement de l'accès au marché américain, refusé par le monde des affaires, une approche de type Schengen portant les procédures de contrôle aux portes d'entrée du Canada par la création d'un périmètre de sécurité nord-américain, récusé par les autorités canadiennes au nom de la préservation de la souveraineté, ou enfin une voie médiane de contrôle harmonisé et resserré pris en charge par l'Etat canadien au prix d'investissements lourds ; c'est cette dernière qui a été retenue par Ottawa. Les incidences en matière de coûts pour les entreprises – délais d'attente, frais de courtage et d'assurance, délais de traitement des douanes et modifications de trajets, contrôle du trafic lacustre sur les Grands Lacs – ont fait l'objet de nombreuses évaluations qui concluent à des montants oscillant entre 7 et 13 milliards de dollars[26]. Le temps d'attente aux points de passage est consultable sur le site Internet de la douane des Etats-Unis. Face aux risques de fermeture d'usines, les milieux d'affaires, en premier lieu le Mec (Manufacturiers et Exportateurs du Canada), sont favorables à un retour à la situation antérieure de dévaluation de la frontière et critiquent le risque de « mexicanisation » de la limite.

A partir de 2008, en application de l'Initiative de voyage de l'hémisphère occidental (WHTI), tous les voyageurs d'Amérique du Nord (et des Bermudes), y compris américains, devront être titulaires d'un passeport ou d'un document sécurisé. Ce n'était le cas que de 34 % des adultes américains et de 41 % des résidents canadiens en 2005. Le Partenariat nord-américain pour la sécurité et la prospérité a été officialisé en 2005 ; il n'est pas présenté comme une nouvelle institution d'intégration mais comme un dialogue, animé par la secrétaire d'Etat, Condoleeza Rice, et ses collègues canadien et mexicain et les trois ministres de la Sécurité intérieure. Le grand marché nord-américain n'a pas débouché sur la formation d'une entité intégrée au plan politique, en raison de la dissymétrie trop forte entre le pays central et ses deux voisins, qui ont voulu rappeler leurs prérogatives souveraines dans la gestion frontalière. En février 2011, une déclaration conjointe, « Beyond the Border », a exposé une vision partagée pour un périmètre de sécurité et de compétitivité. Le dilemme cloisonnement/ouverture persiste.

Chypre ou la frontière asymétrique

En mai 2007, la Commission européenne a autorisé le commerce de miel et de poisson à travers la Ligne verte séparant les deux parties de l'île, et avait fait de même en 2005 pour les agrumes et les pommes de terre. Des experts veillent à la conformité des produits avec les normes de l'Union européenne à laquelle la république de Chypre a adhéré en mai 2004. Tout échange est ainsi sujet à approbation préalable depuis qu'en 1994 la Cour de justice des Communautés européennes avait, à la demande de la république de Chypre, validé l'illégalité du commerce direct entre Chypre-Nord et les Etats membres de l'Union européenne.

En juillet 1974, en réaction à une tentative d'unification avec la Grèce fomentée par le régime militaire grec, l'armée turque intervint à Chypre, en l'absence d'objection britannique dès lors que ses bases ne seraient pas affectées ; l'offensive s'arrêta devant l'aéroport de Nicosie, à la suite d'une intervention de Kissinger. Elle a conquis 37 % de l'île, divisé la partie centrale de la capitale en occupant son enclave turque, provoqué l'exode de près de 200 000 Chypriotes grecs tandis que 40 000 Chypriotes turcs fuyaient vers le nord, et se trouvèrent expropriés

La Ligne verte, parfois nommée Ligne Attila au sud, n'est pas une frontière internationale de droit puisque l'indépendance de la partie nord de Chypre déclarée par Rauf Denktash en 1983, qui a évité l'annexion directe par la Turquie, n'est reconnue que par Ankara. C'est une ligne de cessez-le-feu, étirée de la baie de Morphou à la région de Famagouste, établie en zone tampon patrouillée par les forces des Nations unies, longue de 184 km et large de 3 à 7 km mais de quelques mètres seulement à Nicosie, occupant 3 % du territoire ; 9 000 Chypriotes grecs y vivent.

L'assistance turque dépasse le quart du PIB de Chypre nord, peuplé d'un quart de millions d'habitants dont plus de la moitié d'immigrants anatoliens et kurdes et de 35 000 à 40 000 soldats. Le niveau de vie est trois fois moindre qu'au sud, alors que le nord avait 70 % des ressources économiques de l'île avant 1974 et 95 % de la capacité hôtelière, mais il reste supérieur à celui de la Turquie intérieure qui assure la sécurité sans être attractive. L'économie est affectée par le boycott imposé par l'absence de règlement politique. Des niches d'activité ont été créées, tourisme, casinos et éducation supérieure avec pas moins de six universités qui attirent des étudiants de Turquie, d'Asie centrale et du Moyen-Orient. La dissociation du règlement de la question chypriote et de l'adhésion de la République en 2004 a contribué au maintien de la division actuelle.

Toutefois, dans le contexte de l'adhésion à l'Union européenne, la république de Chypre a ouvert des passages en avril 2003 pour des visites d'une journée, étendues ensuite à trois jours. Un mur du vieux Nicosie a bien été démoli du côté sud dans la rue piétonne Ledra en 2007, là où commencèrent les affrontements intracommunautaires en 1963 ; mais il a été remplacé par une palissade, la partie turque n'ayant ni diminué sa présence militaire ni déminé le secteur. Il est désormais possible aux Chypriotes grecs de séjourner au nord, à des travailleurs chypriotes turcs de franchir la ligne pour la journée et à des natifs du nord d'obtenir des visas Schengen pour circuler en Europe sans passer par la Turquie. L'adhésion européenne a donc permis de ménager des arrangements pour une circulation minimale, qui ne permet pas le droit au retour des réfugiés, encore moins la récupération de leurs biens. De plus, le maintien de la division, *via* le soutien de Londres à la partie nord de Chypre, permet au Royaume-Uni de maintenir son rôle de puissance garante et le statu quo de sa présence dans deux vastes bases militaires souveraines, Akrotiri au sud et Dekhelia à l'est, dispositif clé de son action au Proche et au Moyen-Orient[27].

Comme dans d'autres situations comparables, joue un effet-frontière de séparation accrue des deux sociétés ; le Sud n'a pas besoin du Nord, à l'exception des demandes de restitution des propriétés perdues en 1974 et la génération née après 1974 ne manifeste pas d'intérêt pour un processus de réunification avec une société perçue comme plus turque que chypriote. Le plan Annan de confédération bicommunautaire inspiré du modèle suisse a été rejeté après l'adhésion du Sud à l'Union européenne. Un statu quo asymétrique perdure. Selon le mécanisme plus général décrit par Frederik Barth[28], la frontière n'a pas sanctionné des clivages antérieurs ; ne suivant aucun tracé antécédent et issue d'une ligne de front, elle a les constitués. Mais avec la croissance des échanges et l'appui d'institutions internationales, des contacts locaux entre municipalités ont débuté qui figurent une diplomatie citoyenne visant à interpeller les représentations ethnicistes dominantes – Grecs, Turcs – pour leur substituer un projet identitaire chypriote. La Commission européenne encourage les rencontres entre acteurs locaux, les colloques et les actions conjointes de restauration du patrimoine urbain et d'aménagement des territoires communaux. De même, d'autres clivages, politiques, opposent au nord partisans et adversaires de la réconciliation, qui recoupent largement la division entre Turcs de souche et colons anatoliens ; les premiers avaient approuvé le plan Annan. Comme l'écrit la poétesse de Nicosie Neshe Yashin, réfugiée au nord et personnage principal du film *L'Autre Côté* projeté lors des rencontres intercommunautaires organisées en 2004 par l'Intercollege de Nicosie, sous l'égide du programme européen sur les conflits frontaliers de l'université de Birmingham[29] : « Mon père dit : aime ton pays. Mon pays est divisé en deux. Quelle moitié dois-je aimer ? »

Peace lines et ouverture régionale : les contradictions irlandaises

Pourquoi y a-t-il encore des murs en Irlande du Nord alors que la frontière entre les deux parties de l'île est désormais ouverte et peut être franchie sans contrôle depuis le retrait des postes militaires britanniques qui a suivi les accords du Vendredi saint du 10 avril 1998 ? Plusieurs secteurs de villes d'Irlande du Nord comme Belfast et Derry ont été compartimentés en une quarantaine de lignes qualifiées du nom orwellien de « lignes de paix » (*peace lines*) séparant les quartiers défavorisés ghettoïsés selon des critères religieux et sectaires (Shankill Estate, Ardoyne, Springfield Road...). Le paradoxe est que ces grilles, murs et palissades, conçus comme temporaires par l'armée britannique qui a commencé à les bâtir il y a une trentaine d'années, se sont étendus après l'accord de 1998 ; leur nombre est passé de 18 à 40 à Belfast et couvrent plus de 20 km au total ; ils sont complétés de palissades, grillages et poteaux équipés de caméras de surveillance sur les interfaces ethniques. Leur hauteur peut atteindre 12 mètres pour éviter les tirs de cocktail Molotov. Les portes sont fermées chaque jour à 18 heures, sauf pour le passage des ambulances. Les murs, qualifiés de regrettables mais nécessaires par le maire de Belfast, catholique engagé dans la réconciliation, et d'un coût moyen de 300 000 euros pour 500 mètres assumé par le gouvernement britannique, sont couverts de fresques menaçantes à l'égard de ceux de l'autre côté que l'on défie sans les voir et de textes de haine des milices paramilitaires. Même les cimetières sont séparés. Ces cicatrices sont parfois tournées en dérision par des *murals* colorés et décoratifs que le marché, opérateurs de voyage et chauffeurs de taxi, récupère en l'inscrivant dans les visites. Après une guerre civile de trente ans et 3 000 victimes. Il est encore des maisons aux ouvertures aveugles sur rue où il faut vivre à la lumière électrique, aujourd'hui, en Europe. L'ouverture politique est encore vécue comme une menace dès lors que chaque camp considère l'autre comme un vainqueur, les unionistes protestants qui doivent partager le pouvoir et les catholiques qui ont accepté la paix et les lois d'Irlande du Nord au prix de l'absence d'unification.

Les murs séparent, dans les quartiers d'habitat public, les classes populaires des deux camps, les plus affectées par la crise de désindustrialisation ayant affecté l'Irlande du Nord, notamment les chantiers navals, alors que dans les quartiers résidentiels plus aisés de Belfast, la mixité est plus fréquente. La persistance et la solidification paradoxales de ces murs depuis dix ans signalent une société plus divisée, séparée par des systèmes scolaires et sociaux distincts, des territoires locaux homogènes, une ignorance réciproque et des affirmations identitaires où le registre religieux a valeur ethnique. L'ouverture politique est perçue comme une menace. Cinq pour cent seulement des élèves sont scolarisés dans une soixantaine de collèges intégrés, ouverts à des membres de l'autre communauté.

De plus, ces murs sont des séquelles de la partition de 1921-1922 et rappellent au quotidien et à l'échelle locale la persistance de la division de l'Irlande, sujet maintenu toujours ouvert par Dublin, qui a obtenu un droit de regard sur les affaires du nord depuis 1985 et le cogère avec Londres. Evolution de la frontière, aujourd'hui ouverte mais qui reste dans les têtes.

Pourtant, à l'échelle de l'Irlande, bien des facteurs jouent en faveur de l'ouverture. Après 1998, les postes frontières ont été abandonnés par les troupes britanniques qui se sont définitivement retirées à l'été 2007. La vigueur de la réussite économique en république d'Irlande à la suite des investissements américains dans ce nouveau membre de l'Union européenne et d'une stratégie de croissance qui en fait un modèle pour les nouveaux Etats membres a accentué le contraste avec le Nord en crise durable. Le développement des échanges entre les deux parties de l'île est notable. L'établissement de relations plus équilibrées entre Londres et Dublin a atténué les tensions avec l'ancien empire britannique. Surtout, l'intégration conjointe des deux parties de l'île dans l'Union européenne a induit la formation d'une multitude d'actions de coopération transfrontalière, de programmes dédiés à la paix et à la réconciliation, de recherches académiques collectives de qualité (entre l'université de Queen's à Belfast et l'université de Dublin), d'enquêtes de terrain[30] et de mobilisation des sociétés civiles à l'échelle locale. Le conseil ministériel Nord-Sud formé en 1999 finance des institutions locales et encourage des projets communs dans l'énergie et le transport, même s'il faudra du temps pour que l'axe Belfast-Dublin se transforme en corridor économique sur le modèle de celui reliant Glasgow à Edimbourg à travers la Silicon Glenn. Le constat de l'asymétrie économique est un facteur d'intérêt pour les investisseurs du Sud et un vecteur de rattrapage pour les acteurs du Nord les plus soucieux de dépasser les contradictions politiques. Le marché entend tirer parti des accords politiques de cogestion. Selon Berthie Ahern, Taoiseach de la république d'Irlande, les projections démographiques indiquent que la région frontalière sera peuplée de près de 2 millions d'habitants en 2021[31].

Les ingrédients d'une sortie de crise et d'un dépassement de la partition de 1921-1922 relèvent d'une combinaison de facteurs politiques (suites positives de l'accord de 1998), géopolitiques (modification de la relation Londres-Dublin) et économiques, la mise à niveau du Nord sous l'effet du succès du Sud et des investissements écossais pouvant contribuer à atténuer les barrières physiques et mentales séparant encore les classes travailleuses des villes du Nord, qui fournirent le gros des troupes de la confrontation. Il est remarquable que cette Irlande qui fut depuis le XIXe siècle une sorte de tragique laboratoire de pratiques ségrégatives et de confinement contre les catholiques irlandais, exportées et utilisées, par exemple, contre les Afrikaners lors de la guerre des Boers, soit en passe de bâtir depuis une décennie un modèle de réconciliation, plutôt que d'unification, mis en œuvre sur toute la palette des échelles d'action, sociale et éducative, économique et politique. Travail de longue durée. L'Irlande est également un cas illustratif des mutations d'une frontière imposée en 1921 comme solution à la question de la souveraineté irlandaise récusée par les protestants du Nord et par l'empire britannique. Frontière de désintégration impériale, comme dans d'autres parties de l'Europe au XXe siècle, du fait de l'affirmation nationale, elle a été consolidée en limite nord de la république d'Irlande comme Etat national inachevé et comme enveloppe d'une entité nord-irlandaise englobant des communautés politico-religieuses en conflit, puis reconfigurée en limite interne de l'Union européenne où l'ancienne barrière peut devenir une ressource si son effet de clôture est dépassé par les sociétés.

3

La production continue des frontières politiques

L'Europe, un continent neuf

Le continent européen et ses marges eurasiatiques occupent une place particulière dans le système interétatique mondial : on y compte en effet 89 dyades, soit 28 % du total pour 23 % du nombre des Etats, 8 % de la population et 3,3 % de la superficie des terres émergées. Une dyade européenne ne dépasse pas 420 km en moyenne. L'espace européen est ainsi fait d'unités réduites, fragmentées, travaillées par l'Histoire et les aspirations toujours vives de souveraineté même pour des entités à la viabilité incertaine. « L'Europe est, des quatre parties du monde, la plus morcelée », écrivait David Hume pour pointer le pluralisme du réel européen qu'il opposait à l'unicité de la Chine[1].

Un examen de détail révèle que l'on compte désormais 2 800 km de limites étatiques nouvelles dans les Balkans occidentaux, chiffre provisoire, 1 007 km en Europe centrale et baltique, 1 377 km entre les pays Baltes et leurs voisins russe et biélorusse. A quoi s'ajoutent : 4 365 km entre Russie, Biélorussie, Ukraine et Moldavie, 2 280 pour les Etats du Caucase du Sud[2] et 14 851 en Asie centrale. Au total, le continent européen et ses marges eurasiatiques comptent 26 651 km de frontières politiques de plus qu'avant 1990. C'est assez pointer les enjeux de stabilité que sous-tend ce chiffrage et les risques multiples de tensions, de sécessions, d'irrédentismes ou de conflits dont l'objet est ethno-territorial.

L'Europe se présente donc à la fois comme un continent ancien, qui vit se former les premiers Etats-nations, et comme le plus neuf des continents au regard de la géopolitique puisque 48,6 % exactement des kilométrages de frontières datent d'après 1945. Et plus du quart sont postérieurs à 1990. Sur ce registre, le continent africain fait figure d'ensemble de formation géopolitique plus ancienne, avec 60 % de ses tracés déjà définis et délimités, de l'extérieur, dès 1900. Idem en Amérique latine, avec 62 %. L'Asie est plus récente : 47 % seulement des tracés furent fixés avant 1900. En Amérique du Nord, la chose est entendue dès le tout début du XXe siècle, à hauteur de 98 % du total. Il est donc logique que ces nouveaux Etats aient tenu à régulariser leurs limites.

Un continent laboratoire

La réorganisation géopolitique du continent après l'effacement de la méta-frontière stratégique et idéologique a rendu possible une reconfiguration en Europe. L'ordre de Versailles et de Potsdam a été presque démonté – sauf le traité de Trianon –, mais le principe wilsonien a trouvé une seconde jeunesse. Cela aurait pu conduire à de nouvelles querelles territoriales liées à la non-coïncidence fréquente entre le tracé des frontières et la répartition des minorités nationales. Après avoir provoqué l'éclatement des ensembles fédéraux, la bifurcation de 1989 a été immédiatement encadrée par l'aspiration d'un « retour en Europe » des nations émancipées. La double adhésion à l'Union européenne et à l'Alliance atlantique imposait une condition préalable impérative : la signature de traités bilatéraux assurant la reconnaissance mutuelle des frontières héritées et garantissant les droits démocratiques des minorités nationales. Les mutations géopolitiques ont été gérées dans un objectif de stabilité, par dépassement des possibles contentieux dans un esprit de réconciliation. Comme on le sait, la réunification allemande, cause redoutable et effet mécanique de cette bifurcation stratégique, a été suivie – et non précédée comme le souhaitait le président français[3] – du traité de Bonn du 17 juin 1991 avec la Pologne, assorti de plusieurs accords de coopération, d'ouverture de points de passage routiers et ferroviaires en 1992, enfin de patrouilles communes en 1999.

Le statu quo comme base de la réconciliation

Le dossier le plus complexe concernait les dyades hongroises avec la Slovaquie et la Roumanie. Les traités bilatéraux furent signés respectivement en 1995 et 1996. Un accord hungaro-slovaque avait été conclu en 1995, confirmant les limites du douloureux traité de Trianon, et inclut des garanties sur les droits de la minorité magyorophone, majoritaire dans les régions méridionales de la Slovaquie. Le début de son application a tardé plus de trois ans jusqu'à ce que la partie slovaque accepte que les minorités soient représentées dans les onze comités techniques de mise en œuvre. Le contentieux sur les barrages de Gabcikovo-Nagymaros, décidés en 1977, a été jugé par la Cour internationale de justice en 1997, avec un arrêt stipulant des compensations croisées. Le traité de Timisoara de septembre 1996 a été présenté comme une réconciliation, sur le modèle franco-allemand : il scellait une rivalité historique sur la Transylvanie, la Hongrie y renonçant explicitement, en échange de garanties roumaines sur le statut linguistique et politique de la minorité magyarophone. Son article 4 rappelle les principes d'inviolabilité des frontières et l'article 14 encourage un climat de tolérance et de compréhension entre leurs citoyens d'origine ethnique, religieuse, culturelle et linguistique différente. Les autorités successives de Bucarest ont compris que le chemin de Bruxelles passait par Budapest.

Le statu quo faute de mieux

Dans les Balkans occidentaux, un seul traité frontalier d'ensemble a été conclu, entre la Croatie et la Bosnie, à Sarajevo en 1999. Dans ses rapports successifs, la Commission européenne déplore à mots couverts le manque de progrès dans la fixation des limites autour de la Croatie, qui, techniquement, ne posent pas de problèmes dès lors que s'applique la règle de la succession territoriale d'Etat et que sont considérées comme frontières internationales les limites des républiques existant au moment de la dissolution de la Yougoslavie en 1991. Le cas litigieux de l'enclave de Brcko avait fait l'objet d'une décision de création d'une zone neutre autogouvernée de la part d'un tribunal arbitral en 1999 en application des accords de Dayton. Des accords techniques ont été passés, qui vont du déminage conjoint au contrôle migratoire et à la réouverture de liaisons ferroviaires entre Sarajevo et Zagreb et entre Split et Bihac. Sans surprise, la régularisation généralisée dépend des conséquences régionales de l'adoption du statut final pour le Kosovo. Avec l'aide de cartographes militaires américains, le segment entre la Macédoine et le Kosovo a été démarqué à partir de 2001. Malgré l'établissement de relations diplomatiques entre la Slovénie et la Croatie en 1992, ces deux Etats n'ont pas su conclure d'accord en raison de divergences sur le tracé de courts segments de la frontière terrestre et sur celui de la frontière maritime en baie de Piran, la Slovénie revendiquant un accès aux eaux internationales en mer Adriatique. Le projet de traité de 2001, reprenant le *statu quo ante*, n'a pas encore été signé et ratifié. L'adhésion de la Slovénie à l'Union européenne lui donne à l'évidence un levier sur son voisin croate, à chaque fois que des incidents mineurs mais médiatisés se déroulent, comme en 2005 et en 2006. Il semble délicat de dégager un consensus des divers partis politiques, toujours très sensibles sur les questions de souveraineté, pour la ratification bilatérale réglant au plan technique des différends secondaires.

Un conflit gelé

En Moldavie, la démarcation de la limite avec l'Ukraine, suspendue en 2006, a repris en 2007 sur les deux tiers de la dyade, à l'exclusion de la région de Transnistrie. Un protocole de simplification du passage local – à pied, en vélo, avec des véhicules privés de moins de 3,5 tonnes – a été signé le 13 février 2007. A peine entrées dans l'Union européenne en janvier 2007, les autorités roumaines se sont faites explicitement l'avocate d'un rapprochement de la Moldavie avec l'Union européenne, cadre commode pour justifier un processus d'octroi de passeports roumains aux Moldaves – 800 000 ? – facilitant l'octroi de visa et les migrations de travail d'un petit pays en crise qui survit en partie des transferts de plus d'un million de travailleurs migrants. A terme, l'objectif d'une unification politique de l'ensemble roumanophone, quelles que soient ses modalités institutionnelles, ne semble pas écarté. Les autorités russes entendent enrayer cette logique de grignotage en maintenant une tutelle de fait sur la Transnistrie, région à majorité russe et ukrainienne en sécession depuis 1992, et ont passé un accord avec le président Voronine pour faciliter un rapprochement entre les deux parties du pays ; ce dernier dénonce le refus roumain de signer un traité frontalier.

Depuis fin 2005 l'Union européenne a dépêché, à la demande des deux présidents, une mission – dite EUBAM – de policiers et de douaniers qui visent à initier leurs collègues moldaves et ukrainiens à des pratiques frontalières plus modernes et à réduire les flux de contrebande issus du port d'Odessa utilisant le différentiel de régime douanier et les trafics (armements) organisés par le pouvoir transnistrien. En l'espèce, il ne s'agit pas d'une frontière externe de l'Union européenne. Cette mission vise toutefois à protéger le territoire européen et à faire pression sur la région dissidente. La lutte d'influence entre la Roumanie et la Russie persiste, qui maintient 1 300 soldats russes en Moldavie, en avant-poste.

La politique orientale de la Pologne

Dès 1992, la Pologne a engagé une politique d'accords frontaliers avec l'Ukraine et la Biélorussie : démontage des systèmes d'alarme électronique perturbés par la faune des forêts frontières sur la limite avec la Biélorussie, enlèvement des fils barbelés et leur remplacement par une bande de sable ratissé. Cette ouverture s'inscrit dans une « Ostpolitik » active et consensuelle, justifiée par l'histoire de l'influence polonaise de Vilnius à Lviv, dont témoigne la présence d'importantes minorités, et vise à favoriser l'avènement de régimes politiques favorables à l'est de la ligne Curzon, destinés à créer une manière de cordon protecteur avec la Russie. Cette ambition de rayonnement vers son est, fortement soutenue par l'allié américain, a dû être conciliée avec l'impératif de gérer un segment essentiel de la frontière externe de l'Union européenne, unique frontière contrôlée entre la Chine et l'Atlantique. Devant adopter un régime de visas en 2001, la Pologne était réticente à faire cesser la liberté de circulation en usage dans les années antérieures à 1989, pour éviter une baisse des flux commerciaux et un tarissement des flux de personnes et d'idées alors même que la dyade russo-ukrainienne restait ouverte. Le prix des visas, naguère encore gratuits pour les Ukrainiens, est désormais aligné sur les tarifs en vigueur dans les autres pays européens. Mais aucun régime particulier n'a été prévu pour les habitants des régions frontalières, notamment les saisonniers et les commerçants. Les fonds européens permettent à la Pologne d'investir dans ses régions orientales, les plus déprimées, ce qui atténue les dispositifs de plus grande rigueur des contrôles liés à l'entrée prochaine dans l'ensemble Schengen[4] et permet d'équiper les postes frontières, même les moins fréquentés. La démarche polonaise a été suivie par l'Ukraine dans le cadre de sa stratégie de rapprochement avec l'Europe centrale, première étape d'une longue marche vers l'intégration européenne ; elle a signé en 1993 des traités de bon voisinage – pas de revendications, inviolabilité des tracés, garantie des droits des minorités – avec la Hongrie et la Slovaquie qui ont entériné les annexions staliniennes de 1945.

La perspective d'intégration dans l'Union européenne a donc eu des effets vertueux, agissant comme une tierce partie pour convaincre les opinions nationales qu'il en allait de leurs intérêts en rompant avec les querelles nationalistes. Cela n'a joué que là où les élites avaient fait le choix stratégique de l'adhésion à l'Union. Là où elles avaient choisi de troquer la lutte des classes pour la lutte des peuples, en ex-Yougoslavie, le recours à la guerre visait à modifier par la force les frontières des républiques. La seule réponse, outre l'intervention militaire, était dans la réaffirmation du principe du *statu quo ante*.

POLITIQUES FRONTALIÈRES RUSSES : ENTRE SÉCURITÉ ET PROJECTION D'INFLUENCE

Pour la première fois de leur histoire, la Russie et les Russes doivent s'adapter à la configuration ordinaire d'un Etat national, privée d'enveloppe impériale formelle. S'agit-il d'une lecture occidentale de la nouvelle situation géopolitique russe ? L'identité russe fait débat chez les spécialistes : la séparation avec l'empire est en cours mais peut-elle déboucher sur la formation d'un Etat-nation classique après une longue période de deuil post-impérial et de révision du passé ? L'actuelle décennie est marquée par le retour de la prééminence d'un Etat fort et modernisateur donnant la priorité au territoire et à la continuité du peuple russe sur celui-ci. Dans cette acception plus orientale qu'occidentale, la Russie ne se perçoit pas comme une nation mais d'abord comme une entité étatique, fondée sur un territoire et un peuple. En outre, les nouvelles frontières politiques ne coïncident plus avec celles du peuplement russe. Ce décalage aurait pu être minoré par le succès de la tentative intégrationniste de la CEI (Communauté des Etats indépendants) agréée par tous les nouveaux Etats, sauf les Baltes, en 1992. Mais le principe de libre circulation des personnes, des capitaux et des marchandises a été érodé avec l'introduction de visas, par le Turkménistan en 1999 et par la Russie pour les Géorgiens entre 2000 et 2007, l'obligation du passeport pour les voyages intra-CEI en 2005 et l'alignement du statut des migrants sur celui des travailleurs étrangers. La CEI n'étant plus opérationnelle, reste le rétablissement de relations strictement bilatérales. Les élites russes doivent rebâtir une hiérarchie de représentations parmi des traditions et des orientations géopolitiques diverses, anciennes – Occident des zapadniki libéraux ou Eurasie des adeptes de l'étatisme autoritariste –, ou contemporaines – interactions avec l'Europe, l'Eurasie ou choix de l'édification d'un pôle autonome lié à des homologues non occidentaux, Chine, Inde, région du Pacifique –, donc reformuler leur relation imaginée et concrète à l'Europe et à sa dérangeante Union.

L'enveloppe russe est de 10 % plus longue que celle de l'ancienne Union soviétique. Sur 44 % de sa longueur elle suit des limites déjà réglées – Norvège, Finlande, Pologne pour l'exclave de Kaliningrad, Mongolie ; elle est désormais plus courte avec la Chine – 3 645 km contre 6 450 pour l'ancienne dyade sino-soviétique – et compte 56 % de frontières internationales nouvelles, anciennes limites des républiques fédérées. Elles n'avaient pas de base légale, en droit international, sauf pour celles des Etats baltes.

Il n'est pas surprenant qu'il soit difficile, tant pour les élites que pour les populations, d'accepter que les limites de la Russie ne soient plus celles de l'Union soviétique et que les nouveaux Etats de l'étranger proche puissent exiger de voir leurs frontières reconnues dans leur statut international et interétatique. La Russie a donc tardé à entamer des négociations sur ses nouvelles limites longues de plus de 20 000 km, seconde enveloppe du monde après la Chine. Mais elle ne les a pas formellement remises en cause sauf en Géorgie. Signe d'hésitations sur la conduite à tenir et fonction de la place que les élites russes entendaient donner – et voir reconnue –

à leur pays dans l'ensemble européen et dans le système international. Des conceptions différentes de la frontière étaient portées par les élites. Auraient-elles fait un choix occidentaliste de réduction des écarts avec l'Ouest et de coopération avec l'Union européenne et l'Otan qu'elles n'accorderaient pas la priorité à l'étranger proche, perçu comme volatil dans sa loyauté à l'égard de Moscou, facteur de coûts élevés et porteur de risques de tension avec l'Ouest ? On éviterait donc toute querelle de limites et la transition politique et économique serait encouragée. Font-elles, comme il semble, le choix de la modernisation autoritaire et de la croissance économique sous contrôle étatique ainsi que de la restauration de la puissance et du prestige perdus que l'accent sera mis sur la souveraineté et le rétablissement des relations économiques et politiques avec l'Ukraine, la Biélorussie, le Kazakhstan qu'il convient de garder dans une zone d'influence rénovée. Dans ce scénario, qui l'emporte depuis 2001, le traitement des questions frontalières fait partie d'une négociation plus globale inscrite dans un calendrier déterminé lui-même par les orientations géopolitiques et géoéconomiques des Etats de ce qui reste l'étranger proche dans cette perspective.

Après 1991, les nouvelles frontières russes n'étaient ni formalisées en termes légaux comme limites internationales, ni équipées, ni même assez surveillées, la moitié des districts de gardes-frontières se situant en dehors du territoire russe. Fin 1993, Boris Elstine créa un Service fédéral des frontières, agence indépendante, et signa des accords avec l'Arménie, la Géorgie, l'Azerbaïdjan et le Kirghiztan pour enrôler des nationaux dans les forces russes. On comptait alors sur la réussite d'accords douaniers, monétaires et d'union économique de la CEI et une série d'accords bilatéraux pour maintenir le système frontalier antérieur. La formation du GUUAM – Géorgie, Ukraine, Ouzbékistan, Azerbaïdjan et Moldavie – en

1997 signa la fin d'un espace à gestion unifiée. Des sous-ensembles sous contrôle russe furent constitués en 1998, la CECA ou Communauté économique centre-asiatique, et en 1999, avec le projet de traité d'union avec la Biélorussie. La doctrine frontalière de 2001 visait à établir des limites équipées pour faciliter les flux commerciaux, contrôler l'immigration et prévenir d'intenses trafics, notamment en provenance d'Asie centrale : une logique de « fermeture-éclair » selon le général Nikolaev, alors chef du Service fédéral des frontières.

Sur l'impulsion personnelle de Vladimir Poutine, la Russie s'est engagée dans une ère de délimitation généralisée de sa très longue enveloppe terrestre pour affirmer sa souveraineté et son intégrité territoriale, élément d'une politique de reconstruction de l'Etat. La réintégration du Service des 220 000 gardes-frontières dans le Service fédéral de sécurité, le FSB, en 2003, renouant avec la tradition soviétique, signale que cette régularisation participe d'une stratégie d'ensemble mais différenciée, selon qu'il s'agit d'Etats ayant déjà adhéré à l'Union européenne ou d'Etats qu'elle entend conserver dans sa zone d'influence *via* des accords d'intégration sécuritaire et économique. Le FSB avait attiré l'attention sur les conséquences de l'absence de traités de délimitation, notamment en termes de sécurité, dans le contexte des graves crises affectant le Caucase du Nord. La commission des frontières d'Etat de la Douma a engagé en 2005 un budget de 65 mil-liards de roubles sur deux ans – 2,3 milliards d'euros – pour moderniser les segments les plus sensibles : routes du Caucase au nord de la Géorgie, Azerbaïdjan et Daghestan, rive nord-ouest de la mer Caspienne et Kazakhstan. L'argument sécuritaire occupe évidemment une place centrale dans cette réorientation. D'où la présence de gardes-frontières russes sur la dyade afghano-tadjike et la priorité donnée à la surveillance du Nord-Caucase. D'où également l'installation d'équipements informatisés, et le recours à partir de 2010 non plus à des conscrits, mais à des spécialistes sous contrat, ainsi qu'à des familles de gardes implantées sur les confins, selon la tradition cosaque.

En outre, l'établissement d'un régime russe de visas à partir du 30 août 2000, mettant fin à l'accord de libre circulation de Bischkek de 1992, fut décidé pour des raisons de sécurité : lutte contre la contrebande, la drogue, la migration illégale, selon la croyance que le régime de libre circulation favorisait les groupes terroristes. Furent créées sept administrations régionales et le nombre de contrôle a été triplé. Dans la perception des élites russes, les cinq menaces principales pour la période 2006-2010 sont la criminalisation de l'économie, les pressions migratoires, le trafic de drogue, les activités terroristes et les conflits ethniques dont les foyers originaires désignés sont l'Asie centrale et le Caucase du Sud[5]. Zagorski souligne la transformation de cette perception qui ne met plus la priorité sur les menaces militaires extérieures.

Le problème ukrainien

Le traité d'Etat signé en mai 1997 entre Moscou et Kiev avait été une première étape dans la reconnaissance de l'indépendance de l'Ukraine ; il n'a pas été publié. Il fut suivi d'un traité frontalier de délimitation, signé en janvier 2003 entre Poutine et Kouchma, après quatre ans de négociations, puis ratifié par les deux parlements le même jour (20 avril 2004) dès lors que Kiev a accepté un statut de mer intérieure pour la mer d'Azov et le détroit de Kertch, donc un usage commun et l'interdiction d'entrée de navires de guerre sans accord mutuel préalable, ainsi qu'un autre traité créant un espace économique commun. Sébastopol reste jusqu'en 2017 une base navale majeure, sans substitut en territoire russe pour l'instant. Le détroit de Kertch, passage frontière entre la Crimée ukrainienne et le delta russe du Kouban, a été l'objet d'une vive tension en octobre 2003 autour de l'île de Tuzla. La Russie se prépare à ne plus dépendre d'installations militaires situées en territoire ukrainien et les nouvelles bases de radar d'alerte avancée se localisent dans la région de Saint-Pétersbourg, en Biélorussie et dans le district de Krasnodar.

La satisfaction donnée à Kiev trouve sa contrepartie dans le ralentissement des relations avec l'Otan, objectif stratégique russe. « Un vote sans cartes et sans définition claire de la localisation des frontières », s'est indigné un député de l'opposition. Depuis lors, la commission de démarcation n'est toujours pas formée. La partie russe ne juge pas nécessaire d'établir une coûteuse démarcation physique, notamment dans des régions de peuplement russophone des segments orientaux, et a proposé l'édification de simples postes de douane. Mais en avril 2007, un nouvel accord de délimitation a été signé, suivi du démarrage des relevés préalables à la démarcation.

En raison des projets récurrents d'accord d'union, conçue comme une alliance volontaire de droits égaux – traité de 1996, confirmé en 1999, suspendu en 2006 –, il n'y a pas d'accord de délimitation avec la Biélorussie mais un traité bilatéral de surveillance des frontières qui a mis fin à une période d'abolition des contrôles douaniers en 1995 ; les douanes russes se sont établies en 2000 et en 2001. Avec la garantie nucléaire octroyée en 2000, la Biélorussie reste un espace-tampon stratégique face à l'Otan, sans changement. La mise en œuvre d'une politique frontalière est, en outre, une variable dépendante de l'analyse du sort des nouvelles minorités russophones des pays voisins, considérées à Moscou comme des compatriotes qu'il convient de protéger. La gestion de l'espace post-soviétique dépend enfin des rapports au temps soviétique qu'entretiennent, de manière contradictoire, la Russie d'une part, les nouveaux Etats de l'autre, notamment les Baltes.

Frontières et interprétations de l'Histoire

Ainsi, dans le cas des trois Etats baltes, les délimitations internes n'ont pas fait de difficultés particulières autres que techniques puisqu'il s'est agi de restaurer les anciennes limites internationales de 1920. Les frontières ont été équipées de postes fonctionnels aux normes Schengen et les poteaux de démarcation remplacés ; étant en bois et souvent en milieux forestiers, ils sont grignotés par les innombrables castors. Mais l'acceptation de leurs limites orientales avec la Russie a provoqué beaucoup de débats politiques et de tensions russo-baltes qui ne sont pas apaisées en Estonie. C'est que la limite administrative de 1945 ne coïncidait plus avec les frontières internationales des années 1920, en raison de l'annexion en 1945 de districts situés à l'est et au sud du lac Peipous. Les parlements letton et estonien exigeaient donc de compléter la ratification d'un préambule rappelant la continuité juridique entre les deux Etats actuels et ceux de la période 1920-1939. Prétention refusée par la partie russe jugeant qu'il s'agit d'Etats nouveaux, dans les limites différentes imposées en 1945 qui n'emportent donc plus d'éventuelles revendications territoriales ou de compensations afférentes. La Russie a annulé en juin 2005 l'accord signé en mai de la même année avec l'Estonie et a accepté en revanche d'en signer un en mars 2007 avec la Lettonie dès lors qu'elle y renonçait, geste salué par l'Otan et l'Union européenne. Ces cas illustrent les difficultés de la Russie de prendre acte des nouvelles réalités géopolitiques, puisqu'il a fallu seize ans pour qu'un traité fût agréé, en raison sans doute de l'importance symbolique pour les Etats baltes de se voir enfin reconnus pleinement souverains par l'ancienne puissance impériale.

Au-delà, il s'agit moins d'une question d'espace que de relations fort divergentes à l'Histoire de la période 1939-1991, présentée à Tallinn et Riga comme une occupation et à Moscou comme le juste retour d'une libération confirmée par l'adhésion volontaire des trois pays Baltes à l'Union soviétique. La situation reste tendue du fait de l'inclusion des pays Baltes dans la zone de sécurité de l'Otan, c'est-à-dire dans l'aire d'influence stratégique des Etats-Unis, et dans l'espace Schengen qui induit des dispositifs de contrôle migratoire plus contraignants. Quant à la dyade russo-lituanienne, le traité de 1997 n'a été ratifié par la Douma qu'en 2003, dans le contexte de l'accord entre l'Union européenne et la Russie sur le transit en direction de l'exclave russe de Kaliningrad. Il est vrai que la ratification de ces accords bilatéraux intéressant trois segments du futur espace Schengen est une précondition fixée par Bruxelles pour la suppression des visas européens en faveur de la Russie, dont c'est l'objectif final. Les relations balto-russes sont placées sous le signe d'un double ressentiment : difficulté d'accepter l'indépendance de ses anciennes provinces de l'empire russe pour Moscou, qui s'emploie à imposer une souveraineté faible à ses trois voisins et à récuser par avance tout débat sur l'histoire, qualifié par les milieux officiels de « réécriture » ; volonté des Baltes de souche de tirer un trait sur le passé russo-soviétique, d'obtenir des excuses, sinon des réparations, et réserves collectives mais pas individuelles sur ce qui vient de Russie. Un accord frontalier vaut « reconnaissance » des réalités et peut, à terme, diminuer le ressentiment.

Le jeu des frontières dans le Caucase

Dans le Caucase méridional, peu de progrès dans la régularisation des limites ont été enregistrés, en raison des tensions persistantes opposant la Russie à la Géorgie ainsi que l'Arménie à l'Azerbaïdjan et à son allié turc. Les protocoles de délimitation conclus en 1996 entre l'Azerbaïdjan et la Géorgie n'ont pris effet qu'à partir de 2006, malgré la brièveté de la dyade, moins de 100 kilomètres, dans le contexte de l'ouverture en 2007 de l'oléoduc reliant Bakou au port turc de Ceyhan. En 2007, selon Khalaf Khalafov, président azéri de la commission de délimitation, 60 % du tracé a été fixé. L'imposition de droits de passage jugés prohibitifs sur les camions provenant d'Azerbaïdjan (200 dollars) avait provoqué plusieurs incidents. La dyade russo-azérie, agréée dès 1996 par Elstine et Aliev dans le contexte du premier conflit tchétchène pouvant s'étendre au Daghestan, est en phase de délimitation depuis sept ans. Elle recoupe l'espace des Lezguin et des bassins hydrauliques communs au Daghestan et au nord de l'Azer-baïdjan, avec le fleuve frontalier du Samour qui alimente Bakou en eau[6]. Ils ont en commun des intérêts de sécurité. Khalafov estime en juin 2007 que 90 % de la dyade a fait l'objet d'un travail de « coordination » et que les négociations continuent sur le reste.

Le projet de traité avec la Géorgie préparé avant 2003 est resté sans suite, en raison des contentieux sur l'Abkhazie et l'Ossétie du Sud, deux entités échappant à l'autorité effective de Tbilissi depuis 1992, la première étendant le contrôle du littoral pontique et la seconde assurant la maîtrise d'une route transcaucasienne qui franchit le Caucase central par le tunnel de Roki tandis que l'axe principal empruntant le col des Croix est parfois fermé par la Russie au poste de Verkhny Lars. Ces positions propices aux trafics illégaux permettent aux dirigeants des deux provinces de trouver les moyens économiques de leur sécession. Si la Géorgie établissait des postes de douane sur les routes sortant de l'Ossétie, ce serait reconnaître l'existence de la frontière de fait. La Russie, qui a évacué ses deux dernières bases militaires en 2008 par transfert d'une partie du matériel et des troupes vers l'Arménie, entend bien maintenir la pression sur le régime pro-occidental de Saakachvili. Les erreurs de Tbilissi en août 2008 ont permis aux forces russes de s'implanter durablement au sud de la chaîne du Caucase, dans deux entités dont Moscou a reconnu l'indépendance. Cette nouvelle situation diminue le gain stratégique d'une intégration éventuelle de la Géorgie dans l'Alliance atlantique. La présence de forces d'interposition russes sur la limite orientale de l'Abkhazie ainsi que sur trois points de la limite de l'Ossétie du Sud, l'octroi de passeports russes, la construction d'un gazoduc de Valdikavakaz à Tskhinvali, chef-lieu de l'Ossétie du Sud, ont créé des faits accomplis qui traduisent la volonté constante des Russes, depuis la période 1783-1801, de conserver des avant-postes au sud de la chaîne du Caucase. C'est un fait accompli depuis août 2008. Comme l'écrivait David Mark[7] : « Une approche relativement hégémonique de la Russie en Transcaucasie ne doit pas être interprétée à l'Ouest comme le signe d'une politique extérieure de confrontation envers l'Ouest ou un désir de reconstituer l'URSS. Il y a simplement pour Moscou trop de poids historique en Transcaucasie pour que la Russie se retienne d'un engagement vigoureux. Dans la mentalité russe, l'instabilité en Transcaucasie, combinée aux troubles de son propre Caucase, impose au Kremlin d'être actif au long des anciennes frontières soviétiques avec l'Iran et la Turquie. »

Bien que n'ayant pas de limite contiguë avec l'allié arménien, la frontière arméno-turque est gardée par des patrouilles mixtes russo-arméniennes. Elle est d'ailleurs fermée depuis 1993 par Ankara où l'on juge que la déclaration d'indépendance de 1991 comporte une revendication sur l'« Arménie occidentale », dans l'est de la Turquie, ainsi qu'en représailles face à l'annexion du Karabakh. La réouverture de cette frontière est une revendication réitérée d'Erevan, déjà reliée à Istanbul par voie aérienne, soutenue par les acteurs économiques des deux pays, notamment ceux des régions frontalières. C'est ainsi que Kars, dont le maire avait organisé en 2004 une pétition pour sa réouverture, reste la ville frontière mal éclairée qui sert de théâtre au beau roman d'Orhan Pamuk, *Neige*[8] (*kar* signifie « neige » en turc).

Gérer la plus longue frontière terrestre du monde avec l'allié kazakh

La Russie et le Kazakhstan partagent l'une des plus longues dyades continues du monde (6 846 km). Le traité de délimitation signé à Moscou en 2005, après six années de négociations, par Poutine et Nazarbaïev a été présenté comme la confirmation par la Russie de la reconnaissance de la souveraineté kazakhe et a pris effet le 1er janvier 2007. Manière de rassurer les Kazakhs, les « hommes libres », sur l'intégrité de leur territoire, un temps mis en cause par Alexandre Soljenitsyne qui envisageait l'annexion des oblasts septentrionaux russophones (30 %) par la Russie. Les autorités kazakhes avaient répondu en décidant de créer une nouvelle capitale, Astana, au nord, en 1998, par une politique de kazakhisation de l'administration, un bilinguisme officiel et un redécoupage administratif permettant de diluer la présence des Russes, dont près de 2 millions sont partis depuis 1991. Le traité inclut un accord sur la frontière maritime dans le nord de la Caspienne partageant le vaste champ de condensat de gaz d'Imashevskoïe, qui sera exploité par Gazprom et KazMunaiGaz. Il est complété par une série d'accords de transit pétrolier à long terme et d'investissements industriels, la prolongation de la location de la base de Baïkonour jusqu'en 2050, la fourniture d'armements et la réactivation des structures d'intégration – Russie, Ukraine, Kazakhstan et Biélorussie – et de sécurité, enfin la création d'une banque eurasiatique russo-kazakhe.

L'officialisation de ce tracé qui recoupe les « terres vierges » et le corridor entre l'Oural et la Sibérie occidentale a perturbé les échanges régionaux d'un espace autrefois intégré ; la voie du Transsibérien traverse le nord kazakh sur près de 200 km avec sa soixantaine de trains de passagers qui l'empruntent chaque semaine en haute saison ; une chute de trafic a été enregistrée mais celui des marchandises a été maintenu. Des accords de coopération entre oblasts frontaliers (Orenburg, Techeliabinsk) avaient été signés dès 1995 pour sauvegarder des flux importants de cette aire transfrontalière. L'évolution du segment russo-kazakh central indique, comme le souligne Julien Thorez[9], qu'après une période de déconstruction territoriale contredisant les rémanences des structures spatiales soviétiques, la reconstitution d'un espace commun aux deux Etats est en cours, sur la base d'accords économiques impulsés par les investissements russes, vecteur d'une influence réorganisée.

Régularisation comme élément d'une négociation globale avec les nouveaux Etats, équipement et modernisation, mais aussi mise en place d'un programme fédéral de développement frontalier. Il est envisagé par la direction du service des gardes frontières d'inciter au peuplement des régions frontalières.

Les Russes d'outre-frontière

Environ 25 millions de Russes, enracinés depuis longtemps ou immigrés d'après 1945, résidaient hors de la Fédération de Russie en 1991. Leur nombre a diminué d'au moins 30 % depuis lors, soit par émigration depuis les aires de crise de Transcaucasie et d'Asie centrale, soit par choix de redéfinition ethnique en vue de s'adapter sur place aux réalités des nouvelles nations titulaires. L'étonnante discrétion de ces nouvelles minorités a été soulignée dans la majeure partie des nouveaux Etats, à l'exception de la Transnistrie et des manifestations récurrentes en Estonie et en Lettonie[10]. Il n'y a eu ni remise en cause formelle par Moscou des tracés hérités, sauf en Moldavie et en Géorgie, ni départ massif depuis les nouveaux Etats des régions occidentales, en forte croissance. La promotion de la communauté russophone, présentée comme un ensemble de compatriotes même si les intéressés ne se perçoivent pas comme tels, participe sans doute d'une stratégie d'influence visant à marquer la continuité d'un destin partagé. Mais elle n'a pas produit les effets escomptés.

La politique dite des compatriotes – en direction des actuels 17 millions de Russes de l'étranger – s'oriente vers un dispositif de rapatriement selon un programme en six ans lancé par Poutine en 2006 (décret du 22 juin) et doté de 635 millions de dollars visant à infléchir la crise démographique qui a un impact particulier dans les régions d'émigration et plusieurs segments frontaliers. Douze oblasts et krais pilotes ont été sélectionnés qui concerne les régions en forte croissance mais en déficit de main-d'œuvre (Tiumen, Volgograd) et plusieurs aires frontalières (Khabarovsk, Primorije, Amour, Kaliningrad), d'autres s'étant ajouté comme l'Altai. Les premiers rapatriés viennent surtout d'Asie centrale. Les régions frontalières russes sont moins développées que la moyenne nationale et elles-mêmes bordières de régions déprimées et affectées par le choc de l'introduction de douanes et de visas. En dépit des demandes locales, la gestion des confins russes reste centralisée, comme en témoigne l'absence de loi fédérale spéciale pour ces régions, la fonction de protection l'emportant sur l'ouverture[11].

Dans le contexte qualifié de post-impérial, le pouvoir russe recourt aux ressorts de la géoéconomie, avec ses capacités d'investissement et d'utilisation des grands réseaux. On s'accommode donc des nouvelles configurations territoriales dès lors qu'il est possible de réactiver les structures spatiales antérieures pour rebâtir un ensemble géoéconomique fondé sur l'énergie et les transports. La reconnaissance concrète des nouvelles souverainetés, tant attendue par les gouvernements qui peuvent ainsi satisfaire les forces nationalistes des nations titulaires et signifier aux minorités russes que Moscou accepte les réalités géopolitiques, est un vecteur puissant de reprise d'influence ; elle est âprement négociée et comporte des contreparties économiques durables. Les impératifs de sécurité tels que perçus à Moscou doivent être contrebalancés par la nécessité d'une ouverture contrôlée aux flux économiques, au service d'une stratégie d'influence rénovée. Dans une conjoncture géopolitique où l'Europe orientale et le sud du Caucase et l'Asie centrale sont perçus comme une aire de rivalité entre les puissances, les élites russes sont tentées de raisonner en termes de frontières dédoublées, celles des nouveaux Etats et celles qui délimitent les intérêts d'influence économique et stratégique de la Russie. La gestion des premières est un puissant levier dans la consolidation des secondes.

L'effet-frontière induit par la fin de l'URSS joue également à l'échelle des Etats puisque neuf Etats sont aujourd'hui enclavés : Biélorussie et Moldavie ; Arménie et Azerbaïdjan, et les cinq pays d'Asie centrale. Ce sont des Etats sans accès direct sur l'espace-monde et sur lesquels la Russie dispose, comme pays de transit, d'un pouvoir de désenclavement qu'elle utilise pleinement dans les négociations sur les tarifs de transport, dans les accords de stationnement de troupes, de gardes-frontières et plus généralement comme vecteur d'influence politique. Enfin, la vieille politique des nationalités est réactivée en soutien aux groupes devenus minoritaires dans les entités indépendantes, et dont les ressources proviennent des bénéfices du commerce transfrontalier illégal. Au total, la Fédération de Russie est engagée dans un processus de règlement conditionnel de ses frontières avec les Etats devenus indépendants en 1991 et ses voisins plus anciens. Des contentieux demeurent avec le Japon, la Géorgie, la Biélorussie et l'Estonie. Les relations sont clarifiées avec la Norvège, la Finlande, la Pologne, la Mongolie et la Chine. La redémarcation progresse avec la Lettonie, la Lituanie, l'Ukraine, l'Azerbaïdjan, le Kazakhstan et les Etats-Unis[12].

ASIE MOYENNE ET KAZAKHSTAN : LA CONSTRUCTION NATIONALE MISE EN SCÈNE À LA FRONTIÈRE

L'Asie centrale et le Kazakhstan comptent neuf dyades externes – 6 300 km avec l'Iran, l'Afghanistan et la Chine – et sept dyades internes – sur 8 384 km – à l'ensemble post-soviétique. Le règlement de ces frontières internes et héritées s'avère complexe et est loin d'être achevé. Tout concourt à susciter des tensions, que l'on peut décliner en fonction d'un jeu d'échelles variées.

D'abord se constate l'enclavement durable de territoires voulant s'insérer dans le marché mondial sur la base d'espaces organisés dans le cadre soviétique – réseaux de transport – qui n'offrent de voies de sortie que par le Nord russe. Et l'implication des puissances rivales en quête d'accès aux ressources énergétiques – Russie et Chine, Union européenne et Etats-Unis, Inde, Iran et Pakistan, Japon et Corée du Sud. Enfin, la rivalité entre Ouzbékistan et Kazakhstan pour l'hégémonie régionale.

Ensuite s'impose l'héritage de tracés controuvés décidés dans les années 1924-1929, soit par le pouvoir central – fixation de Tachkent en Ouzbékistan par le Politburo –, soit par les sous-comités nationaux au rôle mieux connu depuis l'ouverture des archives –, d'où la multiplication d'enclaves et d'exclaves tenant compte de l'imbrication socio-spatiale préexistante, notamment de la répartition des groupes ethniques, de la mobilité pastorale, des systèmes d'irrigation, des itinéraires de pèlerinage et des clauses de locations à long terme de territoires exclavés. Julien Thorez a montré qu'étant peu fonctionnelles, ces limites n'affectaient pas la circulation entre oasis, piémonts, avant-chaînes et les villes, de sorte que la question des limites était restée secondaire jusqu'en 1991. En dépit de la présence de fortes minorités nationales, de la multiplicité des exclaves dans la vallée du Fergana et de la possibilité théorique de remettre en cause d'emblée toutes les dyades administratives héritées, elles-mêmes sujettes à de nombreuses modifications avant 1991, les risques sécessionnistes – Grand Tadjikistan, rattachement du Nord-Kazakh à la Russie, option d'indépendance pour la république autonome du Karakalpaskistan ouzbek – ont finalement été enrayés[13]. Les nouveaux Etats ont assumé et perpétué cette configuration issue de la politique soviétique pourtant contestée des nationalités, parce que la priorité a été donnée à la formation d'Etats nationaux ancrés dans le maillage territorial de 1991.

Les limites n'étaient ni démarquées, ni complètement délimitées, ni équipées. Les nouveaux Etats se sont donc attachés à prendre possession de leurs enveloppes, soit par des accords bilatéraux, soit parfois de manière unilatérale. La fixation des limites est avancée pour les trois dyades méridionales kazakhes, elle ne l'est pas pour celles de l'Ouzbékistan avec les deux autres Etats qui se partagent la dépression du Fergana, peuplée de plus de 10 millions d'habitants. Le Fergana n'est plus une unité politique.

Le statut de la courte dyade kazakho-turkmène a été fixé entre 2001 et 2006, l'enjeu étant en réalité un accord sur le partage de cette partie du littoral de la mer Caspienne. Le nouveau président turkmène, Bredymukhammedov, plus pragmatique, a signé plusieurs accords en mai 2007 avec Nazarbaïev, dont l'enjeu est la construction d'un gazoduc de 2 000 km vers la Chine, transitant par le territoire kazakh.

Au début de l'année 2000, des gardes-frontières ouzbeks commencèrent à démarquer unilatéralement la dyade kazakhe, au-delà de la ligne administrative héritée – qui passe à 17 km au nord de la capitale ouzbèke, Tachkent –, dans des régions de peuplement rural dense et aux prises à des conflits sur l'eau et les pâturages. Le village de Bagys, peuplé de Kazakhs, situé sur des terres louées à l'Ouzbékistan, opta pour un rattachement définitif au Kazakhstan, et en vint même en 2002 à proclamer l'indépendance en refus du tracé frontalier imposé par la partie Ouzbèke. Il eut gain de cause. En raison du nombre élevé de ressortissants des deux pays résidant dans l'autre, l'option d'un échange organisé des deux groupes de minorités ethniques a été écartée, mais l'émigration continue pour contourner l'effet de barrière des nouvelles frontières, avec l'introduction de taxes de 50 à 90 % sur les produits importés. Un accord de délimitation a été signé en 2001 à Astana entre Karimov et

Nazarbaïev, portant sur les 96 % non contestés de la dyade : « Pour la première fois dans l'histoire, les deux pays ont défini leurs frontières comme deux Etats indépendants. Par cet accord, nous démontrons qu'il n'y a pas de problème de frontière, ni de revendications territoriales. » La démarcation a commencé en 2003 et se poursuit sans que le sort des villages contestés soit résolu. Seuls les postes frontières étant gardés, la circulation continue par des chemins détournés. Sur le terrain, les maisons situées à moins de 50 mètres de la ligne du côté ouzbek et de 30 mètres du côté kazakh ont été déplacées.

Le traité kazakho-kirghize de 1996 a été suivi d'une démarcation en 2001, bien qu'il n'ait pas encore été ratifié par la partie kirghize malgré l'insistance de Nazarbaïev. Prudence liée aux critiques contre l'ancien président Akaev, accusé d'avoir bradé des portions de territoire lors des négociations avec la Chine, une des raisons ayant conduit à son renversement en mars 2005.

La politique frontalière de l'Ouzbékistan, qui a des frontières avec les quatre autres républiques et nourrit la moitié des contestés, a été marquée par l'unilatéralisme, servi par la détention d'une partie des archives cartographiques, la militarisation des segments orientaux et l'effet de rupture des relations humaines locales et régionales. Frontières dures, souvent sujettes à des fermetures, notamment avec le Tadjikistan. Les relations entre Ouzbékistan et Turkménistan restent tendues. Les anciennes revendications de nationalistes turkmènes sur les régions de Khorezm et de Khiva n'ont pas reçu d'appui officiel. Mais la dispute porte sur des réservoirs loués par Tachkent en territoire turkmène et sur le champ pétrolifère de Kokdumalak exploité par l'Ouzbékistan et situé sur la frontière. Des visas furent introduits en 1998 avant qu'un accord ne soit trouvé pour faciliter la circulation sans visa des résidents frontaliers sur une bande de 150 km de part et d'autre de la limite, pour une durée de dix jours. La délimitation a été agréée en 2001, la démarcation a commencé, mais sous la forme d'une barrière décidée par le président Nyazov, tandis que Tachkent imposa une taxe de 6 dollars aux Turkmènes. Les incidents sont fréquents, comme lorsque des villageois refusent d'acquitter cette taxe pour se rendre dans les cimetières situés de l'autre côté.

Entre Ouzbékistan, Kirghizstan et Tadjikistan, la gestion de frontières complexes, démultipliées par des enclaves, rendues incertaines par plus d'une centaine de litiges locaux, s'est tendue à partir de 1999 lorsque Tachkent a décidé d'équiper et de militariser ses frontières : ponts détruits sur les canaux d'irrigation, passages bloqués, installation de fils barbelés et de champs de mines autour d'enclaves ouzbèkes comme Sokh et Shakhimardan, réputées abriter des opposants islamistes, réduction des postes frontières de cinquante à cinq, accentuation des contrôles autour de Bakhten. Ce nouveau dispositif établi au nom de la sécurité militaire, pour contrer les actions du MIO (Mouvement islamiste d'Ouzbékistan), et économique, en valorisant les ressources fiscales, a provoqué une chute brutale des flux d'échanges et augmenté les coûts de transaction, liés à l'obligation de visas et aux divers prélèvements douaniers. Les délais de franchissement d'une frontière sont de quatre jours d'attente en moyenne, ce qui pèse sur le coût du fret – le quart est lié au passage de la frontière. En réaction, le commerce informel s'est accru, en collusion avec les services officiels et la complicité de villageois lorsque la nouvelle frontière traverse un village. La barrière est aussi une opportunité. Il reste 300 km entre Ouzbékistan et Kirghizstan à négocier entre ingénieurs topographes. Dans les segments qui ont été minés, la démarcation est impossible.

Enfin, entre Kirghizstan et Tadjikistan, la délimitation, stoppée en 1998, a repris en 2007 à partir du tripoint avec la Chine. Les deux pays diffèrent sur les cartes de référence. Elle s'inscrit dans une négociation sur la formation d'un consortium pour l'usage de l'énergie hydraulique. En mai 2007, Bichkek a fait appel aux gardes-frontières de Russie pour renforcer les capacités de surveillance et en juin 2007 Koulov a suggéré, sans succès, la formation d'une confédération russo-kirghize.

Un nouvel enclavement

A partir de 1991, l'édification, souvent unilatérale, des frontières interétatiques, la gestion par des régimes autoritaires de questions territoriales pouvant prêter à contentieux, d'abord par l'Ouzbékistan, ont provoqué de graves tensions et morcelé l'espace centre-asiatique. « La politique nationale des Etats post-soviétiques repose aussi sur l'instrumentalisation des frontières, structures spatiales dont les effets sur les pratiques et les représentations territoriales participent de la construction des identités républicaines. Cet usage de la frontière fait pleinement partie du dispositif de fabrication des nations, au même titre que la réécriture de l'histoire, laquelle tente de donner une ancestralité au territoire des républiques post-soviétiques. Cet objectif politique justifie la réorientation des flux et le recul de la mobilité transfrontalière, en particulier dans les régions transrépublicaines, la dépression intramontagnarde du Fergana et le Khorezm, entités géographiques concurrentes des républiques mais segmentées et morcelées pour la première fois », note Julien Thorez[14].

La rhétorique ouzbek de l'Etat central et menacé a joué sur un mode binaire : « La frontière n'est pas seulement une ligne légale sur la carte, matérialisée par des bâtiments et des institutions d'Etat mais plutôt une frontière morale entre le bien et le mal, entre l'ordre et le chaos, entre la stabilité contre le désordre, entre le progrès et la pauvreté. » Bref, une nation bénie entourée d'Etats pauvres. Le discours sur la frontière, représentation théâtralisée, participe de la formation de l'identité ouzbek et de la légitimation de son leader[15].

Sur le terrain, les nouveaux Etats ont fait prévaloir l'impératif territorial – délimiter concrètement les frontières, sur le modèle de la barrière, constituée de manière le plus souvent unilatérale, au besoin en les militarisant – sur les logiques spatiales, celles de la circulation. Il en a résulté une dégradation des conditions de vie ainsi que des tensions politiques graves, en Ouzbékistan d'abord, à Andijan en Fergana, où la terrible répression des émeutes de mai 2005, justifiée officiellement par une menace islamiste, sanctionnait une révolte à fondement socio-économique, liée à la politique de fermeture des frontières proches. Les islamistes du Fergana revendiquent la formation d'un khalifat en Asie centrale.

Enfin, l'échec de la CEI a accentué l'enclavement des pays de l'Asie centrale. Seule la Russie peut tirer parti d'un pouvoir de désenclavement, les options alternatives étant partielles et coûteuses avec les projets de gazoduc transcaspien vers l'ouest et les ouvertures chinoises à l'est et iraniennes au sud-ouest. Un pays enclavé connaît un déficit de commerce très important, de l'ordre de 70 % par rapport à un Etat côtier de développement similaire, qui induit un déficit de croissance estimé à 1,5 % par an[16].

Les nouveaux Etats d'Europe et d'Eurasie ont dû franchir en peu de temps les étapes classiques de la formation politique westphalienne. Ceux ayant la promesse de l'intégration européenne y ont trouvé une garantie supplémentaire de souveraineté et ont pu dépasser les querelles territoriales récurrentes en offrant à leurs citoyens des perspectives modernes. Les autres Etats, inchoatifs, ont exploité leurs nouveaux attributs régaliens en théâtralisant la gestion de leurs enveloppes, selon un schéma d'autant plus attendu qu'il était géré selon des formules autoritaires, souvent héritées de la politique soviétique des nationalités.

NOUVELLES FRONTIÈRES INTERNATIONALES DEPUIS 1991

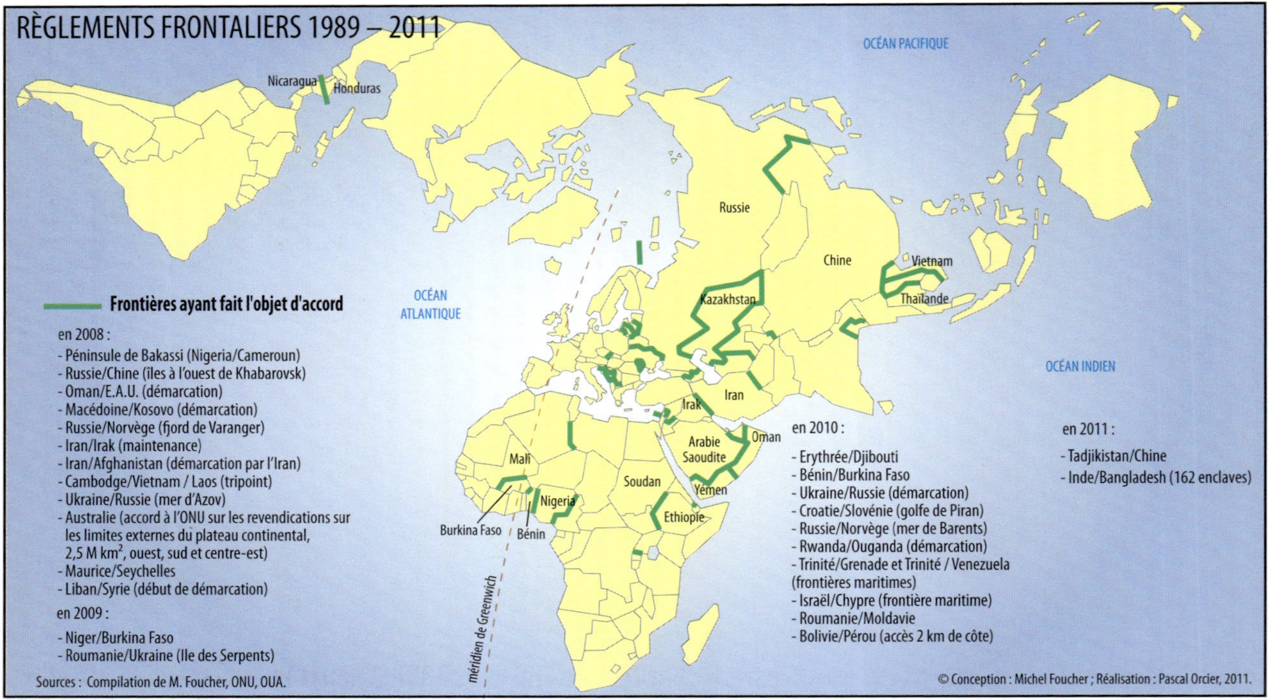
RÈGLEMENTS FRONTALIERS 1989 – 2011
OCÉAN PACIFIQUE
OCÉAN ATLANTIQUE
OCÉAN INDIEN
Nicaragua
Honduras
Russie
Chine
Kazakhstan
Vietnam
Thaïlande
Iran
Irak
Arabie Saoudite
Oman
Yémen
Soudan
Ethiopie
Mali
Nigeria
Burkina Faso
Bénin
méridien de Greenwich
Frontières ayant fait l'objet d'accord
en 2008 :
- Péninsule de Bakassi (Nigeria/Cameroun)
- Russie/Chine (îles à l'ouest de Khabarovsk)
- Oman/E.A.U. (démarcation)
- Macédoine/Kosovo (démarcation)
- Russie/Norvège (fjord de Varanger)
- Iran/Irak (maintenance)
- Iran/Afghanistan (démarcation par l'Iran)
- Cambodge/Vietnam / Laos (tripoint)
- Ukraine/Russie (mer d'Azov)
- Australie (accord à l'ONU sur les revendications sur les limites externes du plateau continental, 2,5 M km^2, ouest, sud et centre-est)
- Maurice/Seychelles
- Liban/Syrie (début de démarcation)
en 2009 :
- Niger/Burkina Faso
- Roumanie/Ukraine (Ile des Serpents)
en 2010 :
- Erythrée/Djibouti
- Bénin/Burkina Faso
- Ukraine/Russie (démarcation)
- Croatie/Slovénie (golfe de Piran)
- Russie/Norvège (mer de Barents)
- Rwanda/Ouganda (démarcation)
- Trinité/Grenade et Trinité / Venezuela (frontières maritimes)
- Israël/Chypre (frontière maritime)
- Roumanie/Moldavie
- Bolivie/Pérou (accès 2 km de côte)
en 2011 :
- Tadjikistan/Chine
- Inde/Bangladesh (162 enclaves)
Sources : Compilation de M. Foucher, ONU, OUA.
© Conception : Michel Foucher ; Réalisation : Pascal Orcier, 2011.

CONFLITS ET CONTENTIEUX TERRITORIAUX MAJEURS, QUESTIONS EN SUSPENS EN 2011

Sources : Compilation de M. Foucher.

© Conception : Michel Foucher ; Réalisation : Pascal Orcier, 2011.

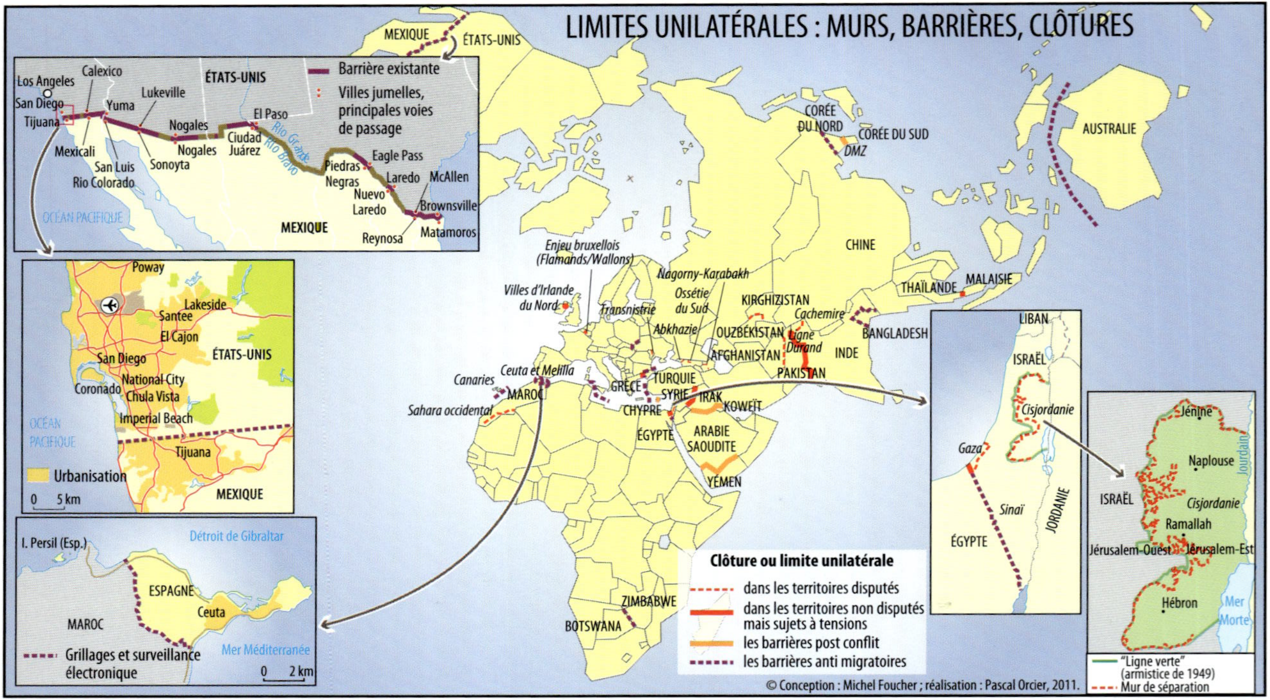
LIMITES UNILATÉRALES : MURS, BARRIÈRES, CLÔTURES
MEXIQUE
ÉTATS-UNIS
Barrière existante
Villes jumelles, principales voies de passage
Los Angeles
San Diego
Tijuana
Calexico
Mexicali
Yuma
San Luis Rio Colorado
Lukeville
Sonoyta
Nogales
Nogales
El Paso
Ciudad Juárez
Rio Grande
Rio Bravo
Piedras Negras
Eagle Pass
Laredo
Nuevo Laredo
McAllen
Brownsville
Reynosa
Matamoros
OCÉAN PACIFIQUE
MEXIQUE
Poway
Lakeside
Santee
El Cajon
San Diego
ÉTATS-UNIS
National City
Coronado
Chula Vista
Imperial Beach
Tijuana
OCÉAN PACIFIQUE
Urbanisation
0 5 km
MEXIQUE
I. Persil (Esp.)
Détroit de Gibraltar
ESPAGNE
Ceuta
MAROC
Mer Méditerranée
Grillages et surveillance électronique
0 2 km
Enjeu bruxellois (Flamands/Wallons)
Villes d'Irlande du Nord
Nagorny-Karabakh
Ossétie du Sud
Transnistrie
Abkhazie
KIRGHIZISTAN
Cachemire
OUZBÉKISTAN
Ligne Durand
AFGHANISTAN
INDE
PAKISTAN
BANGLADESH
CHINE
THAÏLANDE
MALAISIE
CORÉE DU NORD
CORÉE DU SUD
DMZ
AUSTRALIE
Canaries
Ceuta et Melilla
MAROC
Sahara occidental
GRÈCE
TURQUIE
SYRIE
IRAK
KOWEÏT
CHYPRE
ÉGYPTE
ARABIE SAOUDITE
YÉMEN
ZIMBABWE
BOTSWANA
Clôture ou limite unilatérale
dans les territoires disputés
dans les territoires non disputés mais sujets à tensions
les barrières post conflit
les barrières anti migratoires
LIBAN
ISRAËL
Cisjordanie
Gaza
Sinaï
ÉGYPTE
JORDANIE
Jénine
Naplouse
ISRAËL
Cisjordanie
Ramallah
Jérusalem-Ouest
Jérusalem-Est
Hébron
Jourdain
Mer Morte
"Ligne verte" (armistice de 1949)
Mur de séparation
© Conception : Michel Foucher ; réalisation : Pascal Orcier, 2011.

4

Reculer la frontière pour régler les confins

Où les « frontières de l'Europe » doivent-elles se situer ? Est-il important d'en décider ? Le peut-on ? Et si oui, sur quels critères et qui doit le faire ? L'interrogation sur les frontières ultimes de « l'Europe » s'est imposée en raison de la perception par l'opinion d'une perte de contrôle de l'extension de l'Union – processus légitime mais géré sans pédagogie comme une « Histoire sans parole ». Elle procède du constat par les plus lucides d'une dénaturation inavouée d'un projet européen. Elle répond pourtant à la nécessité d'identifier des intérêts européens à l'échelle planétaire : pour se situer dans le monde tel qu'il est, y être visible et active, l'Union a besoin de s'affirmer à partir de ses valeurs et de ses intérêts, mais aussi d'une identité claire et d'une assise territoriale assumée[1].

Par paresse intellectuelle est éludée, dans l'expression publique comme dans l'analyse, la distinction entre « l'Europe », continent aux limites politico-culturelles mouvantes à travers l'Histoire, et « l'Europe instituée », association politique volontaire d'Etats démocratiques eux-mêmes bornés et parfaitement fondée à fixer son périmètre en fonction de ses intérêts[2]. Fût-ce de manière temporaire, pour décider plus tard de le modifier selon les évolutions du contexte géopolitique. L'enjeu est moins d'inclure de nouveaux espaces que de gérer du temps, le temps européen de la diffusion des idées de progrès – incarné par les valeurs et les acquis de l'Union –, le temps plus local de la formation d'Etats viables et d'identités nationales partagées.

La notion de « frontière européenne » mêle à la fois des représentations collectives de l'européanité – influence des cartes mentales, poids des solidarités historiques et des voisinages familiers, rôle des minorités immigrées naturalisées –, des considérations morales – sentiment de dette à l'égard des pays qui furent soumis au communisme soviétique, de remords en face des peuples des Balkans qui se déchirèrent faute d'avoir assumé leur propre passé –, d'ambition politique – projeter la démocratie aux confins de l'Union –, d'intérêts géopolitiques locaux ou plus régionaux – effet domino d'une sécurité mieux assurée si le voisin immédiat a une perspective d'adhésion. Ajoutons l'impact des argumentaires publics d'éventuels aspirants – dénonciation préventive à Kiev ou Tbilissi de prétendues nouvelles lignes de partage –, sans négliger l'influence des desseins stratégiques conçus à Washington, acteur central du processus européen.

Pour la plupart des acteurs – partis, gouvernements, Commission, lobbies –, la cause est déjà entendue sans qu'on le dise clairement pour ne pas provoquer des désaccords ou choquer les opinions : l'Union a *vocation* à s'étendre à l'ensemble du continent, pour coïncider avec l'aire du Conseil de l'Europe, le cas russe étant mis entre parenthèses. L'extension de l'Union continue selon une logique de diffusion-acquisition et si les opinions s'émeuvent c'est, estime-t-on à Bruxelles, qu'elles sont mal informées. Le volontarisme politique de ceux qui confinent sans appel la Turquie en Asie Mineure alors qu'elle est membre du Conseil de l'Europe depuis l'origine, tout en se montrant ouverts à l'Ukraine qui n'est pas candidate ne fait pas consensus et dénote une conception fixiste des territoires et unidimensionnelle des limites. Il est pourtant salutaire d'aborder un sujet qui gêne et divise les Européens, même si aucun gouvernement ne paraît vouloir figer les limites de l'Union européenne[3]. Il n'est pas certain que cette attitude de déni soit tenable. A mon sens, l'Union devrait décider enfin de sortir du tout ou rien et, pour continuer de diffuser son influence et de promouvoir ses intérêts, elle gagnerait à diversifier son offre politico-institutionnelle pour l'adapter à la réalité historique et géopolitique des espaces concernés. L'adhésion pleine et entière ne peut plus être la seule voie de valorisation des intérêts de l'Union.

Tracer frontière : Dieu et les Princes, les Mathématiques et la Nature

L'incapacité permanente des politiques à produire une réponse claire tient également aux ambiguïtés propres à tout argumentaire géographique : celui-ci relève autant de la représentation des décideurs et des opinions que de la réalité. L'espace n'est pas un acteur même s'il est selon les cas un atout, un handicap ou un enjeu. Ce qui renvoie au caractère redoutable de toute délimitation, soit qu'elle s'impose à l'autre – le front devenant frontière unilatérale –, soit qu'elle appelle une négociation et une décision.

Autrefois, pour tracer frontière, le profane, effrayé devant l'audace d'un acte de caractère sacré, comme l'est toute fondation, se réfugiait derrière la commodité des arguments d'autorité : les tracés étaient attribués tout à tour aux Dieux, à la Nature, aux Princes ou aux Mathématiques. Le nom de Dieu – souvent mêlé à la création des grandes lignes de partage[4] – n'est-il pas convoqué lorsque, à Lviv, en Ukraine occidentale, Jean-Paul II apporta son soutien à la candidature de Kiev à l'Union ? Ne préside-t-il pas au débat sur la candidature turque dès lors que, dans la représentation commune, une frontière européenne incluant une société ayant rompu avec la chrétienté médiévale après 1453 remettrait en cause l'identité unique de l'Europe, malgré le changement de position du Saint-Siège lors du dernier voyage de Benoît XVI à Istanbul[5] ?

La Nature est bien commode pour justifier la vieille et ambiguë notion de frontières naturelles, le Bosphore étant tout à tour présenté comme une coupure ou une couture. La Turquie est d'Asie Mineure, dit-on, même si Istanbul est d'abord sur le continent européen. Je reviendrai plus loin sur l'invention de l'Oural. Trente-deux pour cent des frontières d'Etat dans le monde coïncident avec des fleuves et des lacs, 24 % avec des lignes de crête, 23 % avec des lignes géométriques ; seule une minorité (21 %) suit – ou ne suit pas – des discontinuités de la géographie humaine. En Europe, 46 % des tracés ont été adossés à des supports hydro-topographiques. Il y a des faits de Nature, mais leur désignation est fort humaine, de l'ordre des représentations et des cartes mentales, variables.

Toute l'histoire européenne témoigne du rôle des Princes stratèges, des diplomates et des cartographes dans le tracé des frontières. Imagine-t-on les chefs d'Etat et de gouvernement se réunir en une nouvelle Conférence des Frontières à Bruxelles pour décider solennellement des limites ultimes de l'Union ? Des voix ne manqueraient pas de s'élever pour critiquer son caractère quasi colonial ou dénoncer un relent de Yalta. Le groupe de travail sur les frontières réclamé par la France en juin 2007 ne s'est toujours pas réuni. Il serait pourtant utile de disposer d'éléments géopolitiques objectifs pour un débat public. Le processus est plus diffus, produit d'une somme de micro-décisions, toujours d'opportunité politique[6].

Les Mathématiques enfin s'invitent dans le débat, sous la forme de l'évaluation des coûts financiers des divers scénarios d'élargissement, de la mesure des risques migratoires, de la pondération des voix dans les instances de décision selon le nombre et le poids démographique d'Etats membres ou encore des chances d'une Grande Europe à accéder à la fameuse taille critique, en termes de PNB ou de masse démographique, face à ses concurrents dans la mondialité. Calcul encore pour évaluer les coûts de nouvelles adhésions, l'aspect financier de la capacité d'intégration de l'Union, ou la gestion des quotas migratoires.

L'Autre de l'Europe

Dans ses phases antérieures, l'extension de l'Union n'avait pas été pensée dans sa composante spatiale ; c'était un processus évolutif et continu, par étapes calibrées et soigneusement négociées. On a pu parler d'« inconscience territoriale de l'Europe de l'Ouest contrastant avec une hyperesthésie territoriale de l'Europe de l'Est[7] ». Ou encore de l'ambiguïté structurelle du processus : « Il semble bien que l'Europe de la construction européenne soit condamnée à rester ambiguë par rapport à la géographie, qu'elle ne puisse se penser sans frontières mais que ces frontières soient condamnées à rester mouvantes et contradictoires[8]. » La méthode schumanienne de dévaluation des frontières internes reste à la base de la construction européenne ; elle rend difficile de concevoir une approche plus classique pour définir des contours extérieurs : s'y résoudre, ne serait-ce pas renier un acquis producteur de paix ?

On tend donc à projeter sur la problématique des contours extérieurs la méthode de dévaluation des limites internes qui a si bien incarné, avec l'appui des opinions, le projet de « dé-géopolitisation » des dynamiques intra-européennes. Et si, pour suivre Ole Waever[9], l'Autre de l'Europe depuis 1945 a été son propre passé, y compris avec la rupture de 1989 et les tragédies balkaniques, il n'est pas possible de trancher sur la question des frontières de l'Europe puisque la finalité et le ressort de l'entreprise sont d'atteindre à l'unité européenne, figure inverse de la division querelleuse. L'Autre se situait dans le temps ; depuis 1989, l'Autre est le voisin, bon de préférence comme l'entend la politique éponyme.

La dynamique de l'Union : reculer les frontières pour régler les confins

Ce qu'il est convenu de nommer l'*élargissement* semble obéir, quand il est examiné cartes en main, à une série de facteurs s'additionnant dans l'espace : du point de vue de l'Union, c'est un levier pour la réforme et un outil de gestion de crises ; pour les Etats, c'est un vecteur de sécurité et une garantie de souveraineté.

L'ancien commissaire Chris Patten avait bien noté que l'Union était le meilleur levier disponible pour encourager les réformes dans les pays en phase de transition : l'Union n'a rien de mieux à offrir qu'elle-même. La négociation patiente des aspirants pour qu'une « perspective » soit dûment inscrite dans les textes indique assez qu'elle est jugée comme le principal vecteur de diffusion des réformes et de production de stabilité. Que ce soit l'outil le plus efficace de la politique extérieure de l'Union est attesté par le fait que la rubrique « Elargissement » est, dans le rapport annuel de la Commission, traitée dans le chapitre « L'Europe en tant que partenaire mondial », qui inclut le commerce extérieur, la contribution à la solidarité internationale et les deux volets jumeaux des politiques étrangère, de sécurité et de défense, donc la relation aux Etats-Unis et à la Russie. Si l'encouragement aux réformes – facteur de modernisation, de stabilité et d'ouverture des marchés – était déconnecté d'une perspective d'adhésion, on pourrait en effet redouter un relâchement des efforts. Bref, l'Union ne vise rien de moins qu'à changer les systèmes, pas seulement les régimes. Il y a plus de réalisme et d'ambition à Bruxelles qu'à Washington à cet égard. Politique extérieure de l'Union, la perspective d'élargissement a été présentée par Javier Solana comme le seul moyen disponible pour pacifier les Balkans, manière de conditionnalité positive : doté d'une indépendance supposée supervisée, le Kosovo inséré dans les canaux de la négociation européenne deviendrait viable, nous dit-on. Et si les autorités de la Serbie acceptent ce sacrifice territorial et symbolique, la voie de Bruxelles lui sera ouverte[10].

La recherche de la sécurité induit une logique de chaînage territorial. Depuis l'origine, chaque Etat membre estime bénéfique de faciliter l'intégration dans la même institution de son voisin immédiat, surtout si des contentieux de nature diverse ne sont pas encore soldés. Joue alors un effet-frontière, engagé avec la coopération entre la France et l'Allemagne, comme source de paix durable. C'est dans le cadre européen que la réunification allemande a été possible sans dommages, ainsi que la reconnaissance de la frontière Oder-Neisse avec la Pologne. Sur la base du précédent vertueux franco-allemand, Berlin a soutenu Varsovie, comme Budapest l'a fait avec Bucarest – malgré l'enjeu des minorités magyarophones –, Vienne avec Ljubljana et chacune de ces deux capitales avec Zagreb. Les Croates espèrent une adhésion rapide et être en mesure de participer aux élections du Parlement européen en 2009 : l'argument est ici celui de l'exemple vertueux pour les autres voisins balkaniques. La liste n'est pas close. L'intérêt de la Pologne pour son voisinage oriental est séculaire et dès le début des années 1990 des structures d'analyse et d'influence[11] avaient été créées à Varsovie pour élaborer une « politique orientale » dirigée d'abord vers l'Ukraine pour dépasser des contentieux nombreux et graves et préparer le terrain à une insertion progressive de l'Ukraine dans la sphère occidentale, le moment venu. L'activisme de Kwasnievski en 2004 à Kiev, avec l'appui du Lituanien Adamkus, n'en fut qu'une étape. Même approche à Bucarest en ce qui concerne la Moldavie et même la Géorgie. Le meilleur exemple d'interaction géopolitique « européanisée » est fournie par la Grèce lorsque Georges Papandreou sut agir, avec son collègue turc, Ismaël Cem, pour accélérer la prise en compte par l'Union du bien-fondé de la candidature turque : manière de gérer à l'échelle européenne des différends bilatéraux innombrables – sur terre, sur mer et dans l'espace aérien – que l'appartenance commune à l'Otan ou à l'ONU n'avait pas réglés, rappelons-le. Notons toutefois que ce chaînage ne joue pas partout : ainsi sur les 2 168 km des frontières orientales de quatre Etats membres, de la Finlande à la Lituanie en passant par l'Estonie et la Lettonie où la perception de se situer sur une marge durable de l'Union domine. *Idem* pour le Portugal, l'Espagne et l'Italie avec leurs sud.

Un autre facteur d'élargissement relève de la souveraineté nationale. Rappelons ici un fait rarement mentionné : six des dix nouveaux Etats membres ayant adhéré en 2004 n'avaient pas d'existence étatique avant 1991 ; des petites nations sans Etat, malgré la vivacité de leur sentiment national, fondées sur une identité ethno-linguistique singulière. A cet égard, l'adoption de l'acquis communautaire était la voie la plus rapide pour doter des nations anciennes, mais privées d'Etat, de normes étatiques modernes. Pour les trois Etats baltes, la double adhésion à l'Otan et à l'Union européenne permettait de prévenir des tentatives du grand voisin oriental soupçonné de chercher à leur imposer une souveraineté faible.

Dans les cas de transitions démocratiques inchoatives – engagées mais plus complexes que prévu (Ukraine), se heurtant à des états de sécession internes (Géorgie) ou restant à approfondir, pour dire le moins (Arménie) –, les voix ne manquent pas dans l'Union pour établir un lien entre la poursuite du processus politique interne et l'engagement d'un rapprochement avec l'Union. Cela vaut du reste pour la Biélorussie, où la minorité des opposants ne trouve d'appuis solides, porteurs d'identité nationale libérée, que dans les démocraties ouest-européennes. A quoi s'ajoute depuis 2006 dans le cas des Etats du Caucase du Sud un nouvel argument en faveur de l'adhésion, celui d'assurer la sécurité des approvisionnements énergétiques de l'Union (non repris néanmoins pour la Libye ou l'Algérie), qui vaut aussi pour la Turquie[12].

La somme de ces facteurs, cumulatifs, dessine à terme une Grande Union européenne dont la logique dépasse la stricte application des critères de Copenhague et se nourrit des intérêts géopolitiques particuliers de chacun des Etats membres et de la pression morale et politique des élites aspirant à faire partie du club. La poursuite de l'élargissement est donc soutenue par la majorité des Etats membres, notamment le Royaume-Uni, les pays nordiques, l'Espagne, l'Italie, la Grèce ainsi que les plus récents. Les Etats qui émettent des réserves circonstanciées – France, Allemagne, Autriche – sont aujourd'hui minoritaires[13].

INTÉGRER DES PÉRIPHÉRIES AU SYSTÈME EUROPÉEN CENTRAL

La question des frontières se pose également parce que l'Union en extension aborde des Etats qui ne sont pas partie prenante du cœur historique de l'Europe. Ces pays situés sur l'isthme étendu de la mer Baltique aux mers Noire et Caspienne et dans la péninsule balkanique sont à la fois des Etats et nations tard venus, souvent encore en formation, ainsi que de périphéries de l'Union européenne, anciennes marches dans les ensembles impériaux englobants. La faiblesse et l'instabilité des entités étatiques ont favorisé le maintien de représentations ethno-culturalistes des appartenances nationales, à base et expression linguistiques et/ou religieuses, selon l'archétype herdérien. D'où la fragmentation extrême et continue de ces espaces sociaux.

Chez les nouveaux aspirants, déclarés ou potentiels, longtemps situés aux confins mouvants des empires, on trouve respectivement : une entité ethno-nationale sans Etat (Kosovo), des Etats sans identité nationale partagée et minée par des risques de sécession (Bosnie[14] et, dans une moindre mesure, Macédoine), un Etat-nation qui ne sait pas où sont ses frontières (Serbie), une aire ethno-linguistique divisée en deux et bientôt trois Etats (aire albanophone), sans compter les multiples contentieux territoriaux mobilisables selon le jeu des acteurs politiques locaux. Un autre trait est que plusieurs de ces entités sont des protectorats et manquent de viabilité. « Il est clair qu'un Etat ne peut aspirer à être membre de l'Union aussi longtemps que, en dernier ressort, sa gouvernance repose sur un fonctionnaire étranger », remarque Tim Judah[15] à propos de la Bosnie-Herzégovine. L'Union est confrontée à un défi appelant une réflexion de fond sur ce qu'elle est en mesure d'apporter, qui soit adapté pour offrir autre chose qu'une reproduction mécanique de modèles normatifs conçus pour les Etats du système central.

Dans le cas des Balkans occidentaux, les candidats avérés ou potentiels sont des Etats nouveaux eux aussi. L'un d'entre eux, la Croatie catholique depuis la Contre-Réforme, a pu arguer d'une appartenance ancienne au système européen central. Je me souviens, en marge d'une réunion de travail entre les ministres français et allemand des Affaires étrangères, d'une visite au musée de Paderborn, Rhénanie-Westphalie, en 1999, où, dans le cadre d'une exposition consacrée à Charlemagne[16], se déployait une grande carte de l'Empire carolingien : au même titre que les marches de Catalogne, l'espace de la Croatie côtière et de ses comptoirs y figurait pleinement ; en effet, il était rappelé que Split participait d'un réseau de villes qui incluait Paderborn, Brescia et Barcelone. Message clair pour les diplomates français présents, face à la pérennité d'une représentation.

Mais ailleurs, des questions de cohésion nationale imparfaite ou d'incertitudes sur les frontières restent ouvertes. La question des frontières de la Serbie ne semble pas encore close pour certaines forces politiques. Il en va de même pour le domaine albanophone, fort dispersé. Certains experts s'interrogent sur la nécessité de maintenir à terme deux ou trois entités étatiques dans l'espace albanophone. L'identité bosnienne peut-elle se consolider en dehors de la situation provisoire de protectorat, fût-il européen ? On voit mal comment l'intégration à l'Union telle qu'elle est aujourd'hui avec ses critères d'adhésion actuels règlera comme par miracle des questions nationales et territoriales récurrentes[17]. Avant d'être Etat membre, il convient d'être un Etat viable. Il se peut que la « perspective européenne » permette de dépasser, dans l'aire balkanique, une problématique qui rappelle trop le XIXe siècle, mais n'est-ce pas demander à l'Union actuelle ce qu'elle n'est pas en mesure d'apporter ? Après tout, ce n'est pas la Communauté européenne qui a favorisé la réconciliation franco-allemande mais exactement l'inverse.

Il en va de même pour les entités affectées par des conflits qualifiés de « gelés » : Moldavie et les trois pays du Caucase méridional. On sait que pour certaines chancelleries, notamment à Moscou, le scénario d'indépendance du Kosovo pourrait faire « précédent ». Dans les régions citées, on dénombre plusieurs cas de situations très instables où les élites locales sont en quête d'une reconnaissance internationale, dangereuse. Dans ce type de situation, il serait judicieux que l'Union tire les leçons d'un autre et peu convaincant précédent, chypriote, où le changement de posture des Etats membres n'a pas eu les effets escomptés, jusqu'à présent. Inversant la séquence initiale – règlement inter-chypriote d'abord selon les lignes préconisées par les Nations unies puis adhésion conjointe des deux parties de l'île, enfin reliées dans un schéma de type confédéral bicommunautaire adapté –, l'adhésion de l'Etat chypriote grec[18], encouragée par plusieurs Etats membres en raison d'un complément méditerranéen au « big bang » de 2004 vers l'Europe centrale et baltique, a finalement dispensé l'un des protagonistes de tenir ses engagements. L'établissement d'un accord propice à une paix durable – un des fondements et acquis de l'Union – devrait être restauré comme condition préalable impérative de l'acceptation par l'Union de toute nouvelle candidature et schéma d'association. Il s'agit moins de refuser d'importer des problèmes polémiques que d'encourager le premier pas vers une valeur européenne essentielle, la résolution négociée et démocratique des différends.

L'Ukraine, pays des confins *(u-kraina)*, est un cas unique. Son territoire actuel – qui avait perdu son indépendance étatique en 1654 – a été formé en plusieurs étapes dont les dernières ont été : dans les années 1920, l'inclusion du Donbass minier et prolétaire pour réduire l'influence politique des fermiers opposés à la collectivisation ; 1945 pour la Ruthénie subcarpathique et l'ancienne Galicie (Lviv) ; 1954 pour la Crimée, cadeau pour célébrer l'anniversaire de 1654. Cette structure composite continue de se lire dans la géographie électorale, à chaque scrutin[19]. Ce n'est pas pour rien que le président Viktor Iouchtchenko a dit à propos du gouvernement difficilement formé en 2006 et dirigé par Viktor Ianoukovitch, devenu son successeur en 2010 : « Nous avons une chance unique d'unir les deux rives du fleuve Dniepr[20]. » Le choix « européen », exprimé à maintes reprises depuis la révolution « orange », mais déjà explicité par une partie de l'élite de Kiev, est devenu un enjeu géopolitique interne[21]. Il peut diviser et encourager les forces centrifuges, comme il le fit dans la Fédération yougoslave, il est vrai déjà moribonde. Il pourrait, à l'inverse, faciliter la création d'un consensus entre des forces à forte assise régionale et géoéconomique. Rien n'exclut que les intérêts industriels de l'aire orientale et russophone du Donbass, assise politique et économique du Parti des régions de Viktor Ianoukovitch, ne trouvent avantage à bénéficier, à terme, d'un accès au grand marché européen. L'offre européenne devrait donc se fixer comme premier objectif de prendre les mesures concrètes d'ouverture (économique) facilitant l'émergence d'intérêts économiques nationaux. L'Etat-nation se renforce, si l'on en croit l'expérience historique, de la constitution d'un marché dans le même espace de référence, avec des intérêts bien identifiés. Plutôt qu'une offre présentée d'emblée comme globale, l'Union serait bien inspirée, en étant attentive aux cartes électorales, de mettre la priorité sur les formes et canaux d'assistance, dans toutes les régions du pays, qui participent de la construction nationale ukrainienne, l'essentiel de la tâche relevant des acteurs nationaux. Quant au facteur russe, il illustre, dans le cas de la politique de l'Union européenne à élaborer à l'égard de l'Ukraine, le type de relation, concurrentielle ou coopérative, qu'elle entend bâtir à long terme[22].

La perspective géo-historique est de nature à écarter les critiques d'une approche relativiste et à rappeler que les processus d'européanisation ont des logiques de diffusion territoriale, sur la longue durée. Moins pour faire rejouer d'anciens clivages – par exemple, la ligne de 1054, considérée par certains auteurs comme la véritable limite de l'Europe et donc de l'Union, ou encore le mouvement des Lumières, qui n'avait pas touché tout le continent, laissant à l'écart le sud-est et l'est du continent – que pour éclairer ce qui suit. D'une part, l'indécision des limites orientales de l'Europe est séculaire. Pas de frontières immanentes à l'Orient donc, héritées du passé. D'autre part, les innovations, techniques, juridiques ou politiques, apparaissent dans des foyers singuliers et peuvent ensuite se diffuser dans l'espace, en tenant compte des rugosités ou des facilités imposées par la conjoncture. C'est vrai du droit, de l'art, de l'imprimerie, des Lumières, du Code civil, de la démocratie et surtout de la forme politique de l'Etat-nation, composante préexistante et fondamentale de l'Union. L'histoire longue révèle le jeu des translations dans l'espace des formes de progrès. Jacques Le Goff rappelle que, dans la ligne de son évolution historique, l'Occident européen s'est agrégé des périphéries à partir d'un noyau central[23]. A cet égard, l'expérience modernisatrice de l'Union avec ses acquis se diffuse à partir des lieux centraux qui les ont vu naître en direction d'Etats et de nations placés en situation périphérique, au moins pendant une période de transition. La « perspective européenne », *via* l'adhésion ou d'autres modalités progressives, est un vecteur innovant de diffusion de la modernité, comme le furent les œuvres des philosophes voyageurs du XVIIIe siècle, qui ouvraient, avec leurs écrits soigneusement gardés dans les bibliothèques et leurs conversations recherchées, des horizons à leurs hôtes.

C'est d'ailleurs pourquoi aujourd'hui l'une des politiques communes les plus significatives de l'Union a trait à la solidarité financière et aux transferts en direction des périphéries les moins développées, de manière à réduire progressivement les écarts d'équipement et d'opportunités. Les analyses géographiques conduites à l'échelle infranationale dans les nouveaux Etats membres témoignent clairement des disparités qu'il convient de corriger dès lors que les investissements tendent à bénéficier d'abord aux régions capitales et aux zones occidentales de ces Etats[24]. La structure spatiale du continent, composée de ses centres et de ses périphéries, est un constat scientifique et statistique, où l'on observe des gradients de développement et d'ouverture, en une manière de carte en courbes de niveau. L'objectif est bien celui de l'intégration, à la double échelle des pays et de l'Union. Jacques Le Goff a raison de pointer que « l'Europe n'a pas assez progressé vers l'Est, l'Orient ». Comment procéder ?

Vers l'est et le sud-est en effet se localisent deux Etats, héritiers des deux vastes empires dont les deux noyaux turc et russe n'ont trouvé leurs limites qu'en 1923 et 1991 respectivement. Contrairement aux pays d'Europe centrale pour qui l'intégration dans un ensemble plus étendu est une garantie et un surcroît de souveraineté, à la grande exception de la Pologne en quête de reconnaissance de sa grandeur passée et de sa mission contemporaine de transformation de l'Europe orientale, la Russie et la Turquie se considèrent, dans la longue durée, comme des « centres ». Elles ne sont pas disposées à concéder une part de leur souveraineté et préfèrent traiter avec les plus grands Etats de l'Ouest européen. L'élite russe vise un mécanisme de co-décision sur les affaires du continent, à parité avec l'Union européenne ; c'est l'enjeu des prochaines négociations d'actualisation de l'accord de partenariat et de coopération. Les élites turques ont fait le choix de l'adhésion, sans mesurer encore les concessions politiques qui seront exigées d'elles pour rejoindre un système européen polycentrique. On reviendra sur les conséquences de ce polycentrisme dans l'analyse des scénarios d'extension de l'Union européenne.

Alors, sur quoi s'appuyer pour clarifier cette problématique des limites ultimes ?

L'invention de l'Oural

Les limites du continent sont mouvantes et historiquement datées : ainsi en va-t-il de l'invention de l'Oural par Pierre le Grand dans les années 1720[25]. Le père de la frontière orientale conventionnelle de l'Europe est Vassili Tatichtchev (1686-1750), géographe officiel de Pierre Ier. Jusque dans les années 1720, Moscou, capitale de la Tartarie, était « située » en Asie. Avec le déplacement du front russe sous Ivan le Terrible vers la Volga, Moscou devint ville d'Europe. Ce choix de l'Oural signifiait une nouvelle stratégie d'alliance avec une Europe occidentale et nordique détentrice de techniques navales (les chantiers d'Amsterdam), minières (Suède, où Tatichtchev séjourna), militaires (Pierre Ier fut surpris un soir dessinant un croquis de la forteresse suédoise de Riga qu'il conquit par la suite) et architecturales (Italie) propres à moderniser ce qui allait devenir un empire. Après la conquête de Kazan puis de l'Ukraine et de la Crimée, la limite sud de l'Europe avait été située sur la vallée de la Kouma, puis sur les crêtes du Caucase.

L'Oural marquait donc une limite, mais pas une frontière : c'était une croisée des chemins en direction de la Sibérie occidentale dont la colonisation, minière et agricole, commençait. L'Oural était l'articulation entre deux ensembles, une partie européenne à l'instar des Etats européens et une partie de terres « asiatiques » ouvertes à la colonisation. Tatichtchev était cartographe mais aussi historien (auteur d'un dictionnaire politique et géographique inachevé), ingénieur des mines (mettant en valeur des gisements métalliques dans le contexte de la guerre contre la Suède) et aménageur, fondateur de cités pionnières (Perm, Ekaterinenbourg). Cette limite traduisait un choix d'européanisation sans fixer un terme politique, bien au contraire, puisque l'Oural, cols et fleuve, était désigné comme un point de départ vers de nouvelles périphéries dont la mise en valeur était nécessaire à l'affirmation de la Russie comme puissance européenne, sur les rives de la Baltique et de la mer Noire. Cette représentation persiste de nos jours : en s'affirmant comme puissance en Asie, la Russie entend peser en Europe.

La réactualisation de la vulgate par de Gaulle en septembre 1962 – « créer une solidarité européenne de l'Atlantique à l'Oural » – visait à manifester à Moscou que la relance de la Communauté européenne à six – entamée par le rapprochement avec l'Allemagne fédérale (le traité de l'Elysée fut signé en janvier 1963) – n'était pas un acte de guerre froide et n'excluait pas à terme la partie de l'Europe située à l'est des limites du Marché commun d'alors. On a oublié la suite du message : « Pour que cette Europe soit possible, il faut de grands changements. D'abord que l'Union soviétique ne soit plus ce qu'elle est, mais la Russie. » Anticipation historique clairvoyante et toujours d'actualité.

Le XIXe siècle n'avait pas de pensée unitaire pour le continent, car dominait alors une conception européocentriste du monde[26] : pas de délimitation claire sauf dans les aires de conflit, pour la Turquie – le Bosphore, « limite naturelle » de l'Europe appelée à devenir politique avec le réveil des nationalités grecque puis balkaniques – et la Russie, autre puissance limitrophe, eurasiatique.

Dans la littérature géographique, plusieurs conceptions de la frontière se distinguent, exprimées en anglais par la différence entre *border* (frontière politique, souvent issue d'anciens fronts, à fonction de délimitation et de coupure), *frontier*, front pionnier, région de confins ouverte à la conquête, qui trouve sa traduction contemporaine dans la notion de *borderlands*, « régions frontalières », à fonction de couture, d'échanges et d'interactions. Il serait loisible d'interpréter le mouvement continu d'extension de l'Union comme l'adoption par les Européens d'une conception nord-américaine (ou russe) de la frontière comme aire de voisinage à intégrer, au prix de l'abandon de la conception géopolitique classique de la frontière politique délimitant de manière stricte et lisible une souveraineté. En réalité, comme le montre la stratégie de la Commission, attentive à financer des programmes de coopération inter-régionale sur les marges externes de l'Union, il est possible d'articuler la fixation de limites externes, même temporaires, et une politique d'influence au-delà, en un chaînage bénéfique.

A quelle échelle penser les frontières de l'Union ? L'échelle de référence des fondateurs était celle du noyau central, post-carolingien et post-wesphalien, appelé à s'étendre avec le défi de la reconstruction de l'Europe à partir de 1989. Depuis 2004, l'échelle de référence est devenue continentale : comment gérer les aspirations européennes des pays situés entre l'Europe centrale et la Russie ? Avec la Turquie, l'échelle retenue prend une dimension euro-méditerranéenne, qui conduit à des choix sur le degré d'implication dans la stabilisation des marges proche et moyen-orientales. Les enjeux migratoires en provenance d'un Sahel africain où le Sahara ne fonctionne plus comme barrière migratoire ont amené l'Union, avec le dispositif Frontex créé en 2006, à patrouiller le long des côtes de l'Afrique occidentale. Mais cela n'emporte pas de conséquences sur son élargissement institutionnel[27]. Enfin, l'échelle planétaire a déjà été convoquée dès lors que l'argumentaire de la taille critique et du poids démographique est employé pour justifier une nouvelle extension (Turquie) afin de faire contrepoids aux autres centres d'influence mondiale. Selon l'échelle de référence et la somme d'arguments qui s'y logent, la réponse variera.

L'identification de projets distincts comporte à son tour des implications scalaires distinctes. La visée d'une Europe politique comme un des pôles d'un monde polycentrique implique le choix de la dimension continentale. L'ambition d'une démocratie étendue conduirait à la formation d'une sorte d'organisation régionale des Nations unies d'Europe ou mieux de l'Euro-Méditerranée. A l'inverse, la visée d'une Europe puissante, sinon puissance, se fonde sur l'Union actuelle, entourée de périphéries associées mais non intégrées.

CLARIFIER LE DISCOURS : DES INTERPELLATIONS NOUVELLES

Forte des succès obtenus par une politique d'extension continue, pourquoi l'Union devrait-elle prendre le risque d'y mettre un terme ? L'ultralibéralisme ambiant et la mode de la rhétorique du sans-frontière poussent dans le sens du maintien de l'incertitude et de l'indécision. Le principe de la poursuite de l'élargissement de l'Union est actuellement encore soutenu, on l'a dit, par la très grande majorité des Etats et des institutions : c'est vrai en Europe du Sud et du Nord ainsi que pour la totalité des nouveaux membres. Dans plusieurs pays des réserves ont été exprimées. Ainsi la CDU en Allemagne a-t-elle, sur des critères de valeurs, récusé l'ouverture de négociations avec la Turquie. En Autriche, on relève une dualité d'attitude, ce pays plaidant activement pour son voisinage balkanique mais restant réticent sur la Turquie tout en s'interrogeant sur l'Ukraine. Les Pays-Bas (gouvernement, opposition et parlement) sont partisans d'une pause et d'un débat de fond sur les critères et les rythmes. Pour la France, le sénateur Hubert Haenel a marqué clairement le point suivant, lors de la rencontre interparlementaire sur l'avenir de l'Europe de Bruxelles : « J'ai attiré l'attention sur la situation nouvelle créée par la révision constitutionnelle qui va nous obliger à tenir un référendum sur toute nouvelle adhésion après celle de la Croatie. Le processus d'élargissement ne pourra plus être conduit selon les méthodes antérieures. Il faudra convaincre le peuple français et, pour cela, être pédagogique et transparent[28]. »

Un argument de poids en faveur d'une continuation du processus d'élargissement est qu'il s'agit de la politique commune la plus efficace de l'Union européenne pour « assurer sa mission historique d'unification pacifique[29] » en favorisant les transitions et en diffusant les valeurs et les bonnes pratiques de la stabilité. Avec, dans les régions en situation de longue sortie de crise, la conviction que la perspective d'adhésion est l'outil le plus pertinent de la politique extérieure de l'Union.

A l'inverse, les arguments ne manquent pas pour étayer la nécessité d'une réflexion plus opérationnelle sur la clarification de la dimension territoriale du projet européen. L'élargissement dans sa phase actuelle, après 2004, est perçu comme une fuite en avant ne contribuant pas à consolider une identité européenne diluée dans la mondialité. La déconnexion entre la poursuite des logiques ouvertes de marché et les retards de la construction politique et stratégique est désormais constatée. « Cette impossibilité à trouver une clôture géographique et politique mine le projet européen[30]. » L'équilibre fondateur entre extension et efficacité institutionnelle a été durablement rompu depuis le traité de Nice et l'échec du traité constitutionnel dans sa forme initiale.

Lors du débat interparlementaire de mai 2006, plusieurs orateurs, y compris des nouveaux Etats membres, avaient appelé à une « pause » de l'élargissement, complétée d'une politique de voisinage plus substantielle et l'offre de solutions alternatives intermédiaires entre adhésion pleine et voisinage, sous forme d'association étroite. Enfin, le secrétaire d'Etat espagnol aux Affaires européennes, Alberto Navarro, est d'avis qu'une pause de dix ans est requise pour consolider l'Union à 27 et regagner la confiance des citoyens[31]. Depuis le débat enclenché par le double « non » et l'ouverture de négociations avec la Turquie, la nécessité d'une maîtrise et d'une mise en valeur du pilotage politique du processus est jugée comme le seul moyen d'éviter le sentiment d'une fuite en avant incontrôlée et de rendre de nouvelles étapes acceptables par les opinions. En réponse au document stratégique de la Commission sur l'élargissement (9 novembre 2005[32]), qui proposait de conduire le processus selon les trois C ou trois principes – consolidation des engagements pris, conditionnalité par strict respect des critères et communication en direction des citoyens –, un premier rapport de la commission des affaires constitutionnelles du Parlement européen a été présenté par Andrew Duff et Johannes Voggenhuber[33]. Les corapporteurs souhaitaient que la période de réflexion soit propice à l'examen de la méthode de définition des frontières de l'Union. Enfin, la chancelière allemande s'était exprimée ainsi le 9 mai 2006 : « En matière d'élargissement les choses sont compliquées parce que nous ne pouvons pas dire, à moins de vouloir stopper complètement l'intégration, voire de revenir en arrière, où se situent les frontières de l'Europe. D'un côté, nous devons être fiables, c'est évident, et tenter de tenir nos promesses. Mais de l'autre côté, nous devrons bien dire à certains pays que leur adhésion n'est pas possible pour le moment.[34] »

La capacité d'intégration

Cette notion constituait une condition, posée lors du Conseil européen de Copenhague de 1993, en plus des trois critères d'adhésion : « La capacité de l'Union à assimiler de nouveaux membres tout en maintenant l'élan de l'intégration constitue également un élément important répondant à l'intérêt général aussi bien de l'Union que des pays candidats. » Un peu oubliée, cette notion a été exhumée lors des débats sur la Turquie. Elle est désormais intégrée aux réflexions des instances communautaires, des parlements et de nombreux gouvernements. Elle demande à être précisée et il serait prématuré de conclure à un consensus. Dominique de Villepin, alors Premier ministre, l'avait souligné devant des auditeurs allemands : « Il n'existe aucun droit naturel, aucun droit historique à entrer dans l'Union. Et la promesse de l'élargissement ne doit pas être le seul instrument de stabilisation des régions voisines de l'Europe[35]. » Une variété d'appréciations se présente : détour tactique (selon la Finlande), lecture du risque migratoire (point de vue de l'Irlande), critère valable pour la seule Turquie (selon la Slovénie), notion utile mais à utiliser avec prudence pour ne pas s'aliéner de futurs candidats légitimes (pour l'Espagne). En Slovaquie, il s'agit d'une condition préalable évitant la surenchère déclaratoire. En Grèce, la notion est perçue comme une condition additionnelle risquant de condamner certaines candidatures et de mener à une formule de partenariat privilégié qui est récusé.

Un autre groupe de pays insiste sur le rôle des opinions. Au Danemark, la notion se rapporte au degré d'acceptation démocratique. Aux Pays-Bas, elle sert à distinguer les conditions objectives (application mécanique des traités) et subjectives (degré de soutien des opinions, que Bernard Bot invite le Parlement à apprécier). En Allemagne, la CDU, favorable à une pause, s'est essayée à une définition plus opérationnelle. Andreas Schockenhoff a dressé une liste de critères à établir pour les futures adhésions : acceptation par l'opinion, identité et frontières, capacité d'action, capacité financière. En Pologne, le souhait d'un signal positif rapide de l'Union envers l'Ukraine est tempéré par une volonté d'intégration tardive, pour retarder le partage du fardeau financier, ce que reprend la position espagnole de 1993 à Copenhague sur la politique de cohésion lors de l'ajout de cette condition, à son initiative. En cas d'intégration de la Turquie et de l'Ukraine, le risque d'éviction du bénéfice des fonds structurels et de cohésion est ressenti chez les nouveaux membres.

Le scénario américain : tout le continent sauf la Russie

Dans ce scénario valable d'ici 2015-2020, qui est à mon sens l'implicite de la politique américaine suivie jusqu'à présent, les frontières orientales ultimes de l'Union coïncideraient avec les frontières occidentales de la Fédération de Russie. L'œil rivé sur le passé, la plupart des nouveaux Etats membres ont en tête une Union qui comprendrait tous les pays de l'Europe orientale sauf la Russie, selon une double logique de *roll back* et de *containment*. Tout sauf la Russie donc, qui n'est pas disposée à concéder les abandons de souveraineté et à remplir les critères politiques qu'une nouvelle adhésion impliquerait. Dans le même temps, en réaction à l'extension de l'Union et la fixation de frontières migratoires, le ministre des Affaires étrangères, Serguei Lavrov, a pu dire au Conseil de l'Europe le 19 mai 2006 : la Russie voit le Conseil de l'Europe comme un important mécanisme de coopération paneuropéenne ayant pour objectif de construire une nouvelle Europe sans clivages, de mettre en place un espace juridique et humanitaire européen commun. D'où la devise de la présidence russe du Comité des ministres : « Vers une Europe unie sans clivages. » Rappel aussi du statut particulier de la frontière dans l'histoire russe, plus proche du concept américain d'espace ouvert à la conquête ou, en termes modernes, à l'influence (minorités, tubes énergétiques, diplomatie...).

Vaclav Havel rappelle que la Russie ne sait pas vraiment où elle commence et où elle finit : « Dans l'Histoire, la Russie s'est étendue et s'est rétractée. La plupart des conflits trouvent leur origine dans des querelles de frontières et dans la conquête ou la perte de territoires. Le jour où nous conviendrons dans le calme où se termine l'Union européenne et où commence la Fédération russe, la moitié de la tension entre les deux disparaîtra[36]. » L'enjeu de l'extension de l'Union européenne est de décider où doivent se fixer les frontières occidentales et les limites de la sphère d'influence de la Fédération de Russie.

Dans un tel scénario d'extension à tout le continent sauf la Russie, l'interrogation sur les limites ultimes de l'Union pourrait se réduire à celle des frontières géopolitiques de la Russie[37]. Ce qui suppose résolu le choix de l'appartenance de la nouvelle marche frontière entre

Russie et Union, étendue de la Biélorussie aux Etats du Caucase. A Lviv, capitale des Uniates gréco-catholiques rattachés à Rome, Jean-Paul II (27 juin 2001) avait appelé à l'adhésion d'une Ukraine « entrant de plein droit dans une Europe embrassant tout le continent ».

La vision d'une Union continentale domine aux Etats-Unis, partie prenante fort active du processus d'élargissement[38], concept réactualisé sous la présidence Clinton (notamment par Samuel Berger, en articulation autant complémentaire que concurrente avec celle de l'Otan) et réaffirmé par George Bush avec le concept d'Europe ouverte (discours de Varsovie du 15 juin 2001) : inclusion de l'espace Baltique-mer Noire et donc de l'Ukraine et ouverture vers la Russie. Elle présente une acuité particulière dans la partie centrale et méridionale de l'isthme mer Baltique-mer Noire ou mer Caspienne. Et comme a pu le déclarer le secrétaire d'Etat adjoint pour l'Europe, Daniel Fried, à des interlocuteurs français après le référendum de 2005, l'unique indécision à trancher était d'arbitrer entre la mer Noire et la Caspienne. La représentation américaine de l'Union élargie est donc en place. Elle inclut, comme on le sait, la Turquie, résultat indirect de la reconfiguration stratégique opérée au Moyen-Orient : « La Turquie en tant que puissance européenne appartient à l'Union européenne[39]. » Les Etats membres s'y sont ralliés après plus ou moins d'hésitations. La liste des arguments favorables et défavorables a été longuement exposée et débattue ailleurs. Ce qui importe ici est de relever que la perspective d'adhésion turque semble se situer dans le droit-fil des mobiles d'élargissement : soutien aux réformes internes mais aussi outil de politique extérieure pour gérer, espère-t-on, sur la base de l'exemple et de la médiation turcs, les rapports complexes avec le voisinage moyen-oriental. Ce faisant, elle emporte des conséquences stratégiques et géopolitiques autrement plus redoutables que les extensions internes à l'espace continental.

Dans ce scénario au fil de l'eau, l'Union poursuit, dans les dix à quinze ans à venir, le processus d'élargissement sans modifier ses critères et offre une réponse positive à toutes les demandes qui se multiplient, par effet de domino et de poursuite de la fragmentation géopolitique. Après la Croatie puis la Macédoine – qui veut accélérer le pas et compte sur la présidence slovène de l'UE au premier semestre 2008 pour se voir marquer une date de début de négociation – se présentent les autres Etats des Balkans occidentaux (Monténégro, Albanie, Serbie, Bosnie-Herzégovine) et le Kosovo ainsi que ceux de l'Europe orientale (Ukraine, Moldavie, Biélorussie) et du Caucase. Soit, avec la Turquie, une Union à 41 au moins – puisque rien n'est encore réglé à Chypre.

Cette très grande Europe est conforme à la vision stratégique des administrations américaines successives[40]. Elle se rapproche, pour certains, de l'Europe du concert des nations d'une ONU ou d'une SDN régionale. Les frontières sont enfin fixées sur une base géopolitique – la mer Caspienne plutôt que la mer Noire ; les transitions sont jugées en progrès ; l'Union élargie fonctionne comme une aire de réduction des disparités ; le coût est très élevé mais les contraintes énergétiques sont mieux contrôlées. Les opinions publiques ne s'y retrouvent pas toujours ; des mouvements populistes gagnent du terrain ; enfin, les nations infraétatiques de l'Union trouvent dans leur absence de représentation dans les instances communautaires un nouvel argument pour renégocier leurs relations avec le centre. Pour ce scénario, qui trouve, dans son risque de dilution, des adeptes contradictoires chez les partisans des formules de noyau dur, il est nécessaire d'inventer une contrepartie pour les grands pays fondateurs, sous forme de mécanismes de différenciation accrue, permettant une intégration flexible, des formes de respiration à quelques-uns.

LE SCÉNARIO CONFÉDÉRAL : FUSION DES HORIZONS

Dans ce deuxième scénario, l'Europe de l'Union politique en viendrait à coïncider avec celle du Conseil de l'Europe. Au registre des institutions, l'Europe est le continent cadre de l'action remarquable mais parfois méconnue du Conseil de l'Europe, seule organisation européenne à avoir fixé des frontières définitives si l'on en croit la résolution 1247 de son Assemblée parlementaire de 1994, avec aujourd'hui 46 membres : « Ne peuvent en principe devenir membres du Conseil de l'Europe que des Etats dont le territoire national est situé en totalité ou en partie sur le continent européen et dont la culture est étroitement liée à la culture européenne », « les frontières de l'Europe n'ont jusqu'à présent pas été fixées avec précision par le droit international, le Conseil de l'Europe doit se baser en principe sur les limites géographiques de l'Europe généralement acceptées ». Pour les pays du Caucase méridional, l'argument des liens culturels a été ajouté : « Leur adhésion est possible à condition qu'ils indiquent clairement leur volonté d'être considérés comme faisant partie de l'Europe. » Pour l'Asie centrale, le refus fut net, comme furent mis à l'écart les Etats des rives sud et est de la Méditerranée (pas tous, Chypre et la Turquie en sont membres), au nom de considérations géographiques et culturelles.

« L'Europe de l'Union » est autre chose que « l'Europe du Conseil » éponyme, moins une organisation qu'une communauté volontaire d'Etats aux frontières politiques claires à une date donnée. Poser donc, par facilité apparente, l'équivalence entre les espaces relevant des deux institutions dénote ce qui suit. Pour trouver réponse à la question initiale, on convoque, pour dépasser les désaccords politiques et les incertitudes géopolitiques, ce qui dans les valeurs et l'identité du continent permet d'élucider un critère d'européanité conforme à l'article 49 du traité : « Tout Etat européen respectant les valeurs de la démocratie et l'état de droit peut solliciter son adhésion. » Comme le rappelait le commissaire finlandais à l'élargissement[41], la Charte des droits fondamentaux de l'Union stipule que « les peuples d'Europe, en créant une union sans cesse plus étroite, sont résolus à partager un avenir pacifique basé sur des valeurs communes ». Paix, mobile d'unification, valeurs communes, trois éléments d'un quasi-universalisme ne souffrant pas de délimitation préétablie. L'Union finirait donc par coïncider avec l'ensemble des Etats du Conseil sis à Strasbourg, projet ambitieux, incluant la Turquie (depuis 1949), la Russie (depuis 1996), l'Ukraine (depuis 1995), les trois pays du Caucase (depuis 1999-2001) et les pays des Balkans (1993-2003) : l'Union, à force d'élargissements successifs, en viendrait à couvrir l'ensemble du continent. C'est la pente qui semble suivie par la Commission dont la Direction générale « Elargissement » a précisément pour mission d'élargir. Discrètement, à l'été 2006, l'expression subtile de « pro-élargissement » a été introduite dans le projet de plans d'action gouvernant les relations à venir avec la Géorgie et l'Arménie, en réponse à l'aspiration européenne exprimée par ces deux Etats. Présenté comme une précaution sémantique par la présidence finlandaise en exercice pour signifier que l'élargissement n'est pas à l'ordre du jour, le terme est interprété à l'opposé par les diplomates des deux pays concernés. Ce qui n'est pas le cas de l'Azerbaïdjan voisin qui n'a insisté ni sur d'éventuelles aspirations ni sur la possibilité offerte aux deux autres d'être associé à certaines déclarations sur des sujets de politique extérieure commune et de sécurité[42]

Dans ce schéma de long terme, la relation Union européenne Russie dépend largement de l'évolution politique interne : des formules d'*opting out* et de longues périodes de transition sont nécessaires. Pour l'instant, les dirigeants de la Fédération de Russie ne revendiquent pas l'adhésion de leur pays : « Nous ne posons pas actuellement la question de l'adhésion de la Russie à l'Union européenne. Les circonstances sont nombreuses qui font que cette décision n'est pas encore mûre. La Russie s'est toujours sentie, se sent toujours une partie organique de l'Europe. Actuellement, la Russie, du point de vue politique, économique et culturel, se considère comme une partie organique de la grande Europe[43]. » On notera que selon l'institut VTSIOM relatif à l'état d'esprit de l'opinion russe à l'égard de l'Union en 2004, un tiers se disait intégrationniste et un second tiers favorable à un rapprochement sans adhésion. Ce qui fait écrire aux députés français René André et Jean-Louis Bianco[44] : « Au début de leurs travaux, les rapporteurs n'auraient certainement pas même songé à évoquer le scénario de l'adhésion de la Russie à l'Union, tant cette hypothèse paraît éloignée, voire incongrue [...]. Il a été évoqué à Moscou par certains interlocuteurs de la mission. » Ils concluent ainsi : « Intégration impossible, confrontation improbable, coopération nécessaire. » Le soutien populaire à un scénario d'adhésion a chuté en Russie dans les dernières années, du fait des nouvelles tensions stratégiques et aussi de la crise de l'Union. Nul doute que dans ce scénario la question de la capacité d'intégration de l'Union serait réactivée. La demande russe est plutôt celle d'une relation d'égalité, également revendiquée par l'Union dans le voisinage commun. Dans le contexte du 50e anniversaire du traité de Rome, Vladimir Poutine a tenu à rappeler le choix russe d'un rapprochement avec l'Union sur le registre déjà imaginé par Romano Prodi, « tout sauf les institutions ».

Le scénario sans la Turquie

Dire non est un peu court, même si c'est populaire, et cette posture n'épuise pas les ressources de la politique extérieure pour présenter des options acceptables, autres qu'une perspective néo-ottomane d'association avec les pays arabes du Proche-Orient et du Maghreb. Et le concept de « privilégié » dans le partenariat proposé comme alternative évoque immédiatement les privilèges commerciaux européens dans l'Empire ottoman. Ne pas savoir dire non est un excès de politesse qui peut faire mourir les institutions, rappelait Vaclav Havel. Comme on le sait, les négociations ont débuté en octobre 2005 et progressent lentement, ne portant, sur l'insistance française, que sur des domaines n'ayant pas d'incidence sur l'adhésion éventuelle. Va pour les statistiques mais pas pour l'union économique et monétaire. Notons aussi que les Etats les plus euro-sceptiques sont les plus favorables à l'adhésion turque.

La représentation dominante dans l'Ouest européen est marquée par un regard orientalisant et conclut au caractère non intégrable de la société turque, dans une approche essentialiste des cultures. L'Union retrouverait dans le miroir de l'opposition à l'Autre, défini comme musulman, une certitude remplaçant le mythe porteur de l'unification et de la lutte contre les régimes communistes. On peut en effet relever que de nombreux obstacles demeurent à l'intégration : rigidité du système politique et opacité des pratiques de pouvoir (et du budget du Conseil de sécurité nationale) ; rôle de l'économie souterraine ; situation défavorable faite aux femmes et aux enfants ; faible souci porté à l'environnement. « Ce pays n'est pas intégrable dans l'immédiat à l'Union européenne telle qu'elle fonctionne pour des raisons plus complexes que celles généralement convoquées tenant autant à la Turquie qu'à l'Europe instituée. En revanche il est intégrable à terme, à condition que les projets turcs et européens s'ajustent, ce qui suppose dans les deux parties concernées de profondes révisions des perceptions[45]. »

Il se peut qu'au bout du chemin les autorités turques elles-mêmes, et l'opinion[46], qui ne veut ni perte d'indépendance et de souveraineté – le syndrôme du traité de Sèvres d'après 1918 reste vif –, ni assimilation, concluent qu'un schéma *ad hoc,* de type « tout sauf les institutions », est satisfaisant même si les proeuropéens[47] ont à l'esprit une date symbolique pour l'adhésion, 2023, centenaire de la fondation de la République.

Il conviendrait donc de dédramatiser[48] cette affaire, d'éviter les psychodrames quotidiens et les invectives et de laisser les négociations se poursuivre pour autant qu'elles induisent de vraies réformes internes et mesurables. Ainsi que de faire admettre que c'est une question complexe, sérieuse, qui demande du temps et mérite débat. En gardant à l'esprit cette remarque de Hrant Dink[49] : « Ce qui relie la Turquie à l'Union européenne est la peur, pas l'amour, la peur de se perdre. » De la peur naît l'obsession

Le scénario du grand marché continental

Plusieurs variantes ont été récemment proposées pour répondre au défi continental de l'Union. A été imaginée la mise en place, à long terme, d'une vaste zone de libre-échange, selon l'approche d'Anders Fogh Rasmussen, Premier ministre danois[50], ou celle de Günther Verheugen, en charge de l'élargissement dans la Commission Prodi. Une aire économique paneuropéenne, aire de libre-échange et de coopération économique, incluant l'Union et ses voisins, impliquerait d'offrir l'accès au marché intérieur, de faire participer ces Etats à une série de programmes de l'Union (échange d'étudiants, programmes de recherche) et de dédier une assistance financière substantielle (réforme du système légal, contrôle des frontières...). A terme, des formes d'association aux décisions de l'Union dans des domaines particuliers seraient envisageables.

Une seconde variante serait un processus progressif, *via* une politique de voisinage renforcée sans fermeture politique. Elle est étudiée, par exemple à la Konrad Adenauer Stiftung en liaison avec une fraction du Bundestag, pour trouver des voies de contournement des contraintes constitutionnelles française et autrichienne[51]. Une version beaucoup plus élaborée est le partenariat privilégié, conçu comme alternative explicite à l'adhésion[52]. Permettant à l'Union de préserver ses missions fondamentales – croissance, cohésion sociale, action extérieure, stabilisation du voisinage – et d'éviter les trois écueils de l'élargissement actuel – fuite en avant non réfléchie, affaiblissement de l'Union et perte de confiance des citoyens –, il repose sur la mise en place d'institutions communes, de politiques substantielles et d'une coopération stratégique dans la politique étrangère et la défense. Le principal argument en faveur du partenariat est objectif : c'est l'absence de solution institutionnelle et budgétaire satisfaisante pour faire de l'adhésion un succès. Il a un contenu substantiel : une coopération institutionnelle inspirée de l'espace économique européen ; l'extension de certaines politiques communes ; une coopération stratégique. Pour l'espace intermédiaire entre Russie et Union actuelle, Bruxelles se fixerait pour objectif de proposer autre chose que le schéma actuel de compétition géopolitique entre Moscou et Washington ; la Russie serait invitée à un engagement constructif. Quelles que soient les variantes, rien n'est dit officiellement des frontières ultimes de l'Union.

Le scénario des frontières temporaires

Le dernier scénario développe la variante précédente, en s'accompagnant d'une déclaration explicite des Etats membres de l'Union qui fixe des règles pour une décennie au moins : des frontières temporaires et stabilisées. Après tout, l'Union a bien fonctionné depuis Jacques Delors avec un calendrier pour les grandes échéances collectives. L'Union gagnerait en effet à sortir du dilemme du tout ou rien, devenu un « ni oui ni non » qui se résout le plus souvent en un « pourquoi pas ? » par excès de politesse, et à diversifier son offre institutionnelle en l'adaptant aux problèmes concrets des Etats concernés. Le concept de voisinage suppose que la « proximité » serait porteuse de valeurs et d'effets bénéfiques en soi, sur le modèle des coopérations transfrontalières franco-allemandes. C'est trop demander à la géographie, comme on le voit en Biélorussie. Il s'agit d'abord de gérer du temps – celui de la *translatio*, celui de la diffusion, celui de la sortie des interrogations sur l'identité nationale, de la fixation des frontières d'Etat, de la sortie d'un statut de protectorat... – autant que des espaces : dans cette optique, des frontières de l'Union seraient fixées pour dix à quinze ans.

Dans ce scénario, l'Union s'accorderait dès que possible sur le principe de frontières temporaires. On se limiterait à 27/28 membres. Pour la Turquie, l'argument d'une négociation de très longue durée avancée par les partisans de son adhésion devrait être rappelé pour ne pas interdire à l'Union de fixer des limites provisoires. Dans le même temps, ces frontières seraient conçues comme des horizons d'attente et d'action. La fixation de limites n'empêche pas la diffusion des ingrédients modernes d'européanité au-delà. Pause n'est pas inaction. Il convient donc de concilier pause institutionnelle (frontières) et dynamiques (diffusion des acquis). Une relation contractuelle, légalisée par un traité, serait nouée entre l'Union et chacun des Etats intéressés, dans une stratégie de rapprochement par des coopérations portant sur des secteurs concrets d'intérêt commun (énergie, sécurité, formation, ouverture des marchés, infrastructures...). On en arriverait enfin à admettre que les réformes à entreprendre valent pour elles-mêmes et ne donneraient plus un droit d'entrée automatique. Mais l'Union fournit les appuis nécessaires pour que ces Etats franchissent les étapes qui ont marqué sa propre formation.

En outre, rappelons-le, les efforts devraient porter, pour l'Europe orientale et balkanique, sur la réaffirmation d'un préalable, celui du règlement des contentieux, gage de paix durable, ce qui est un impératif de l'acquiescement par l'Union de toute nouvelle candidature et schéma d'association, pour éviter de répéter le fâcheux épisode chypriote. Une stratégie progressive d'organisation politique et économique durable des périphéries visant à les faire participer le moment venu au système central est mise en œuvre, sur une base contractuelle, en tirant les leçons du propre cheminement des Etats de la Communauté européenne dès ses origines. Toute tentative de raccourci ne permettrait pas, me semble-t-il, de poser solidement les bases internes d'un rapprochement avec l'Union actuelle.

Cette approche réaliste aurait plus de contenu que la politique de voisinage, laquelle ne repose que sur un concept géographique, la proximité, sans portée politique évidente alors qu'il convient de définir des secteurs partagés d'action, sur la base d'intérêts mutuels. Elle offre des moyens de gérer du temps dans ces périphéries provisoires du système européen central qui se débattent avec des questions fondamentales que l'Union telle qu'elle est ne peut résoudre à la place des intéressés.

Bref, pour un géographe, les « frontières ultimes » de l'Union[53] tiennent à sa politique – ses décisions. Dans cette perspective, l'Europe politique – celle de l'Union – n'est pas une utopie au sens étymologique de non-lieu. Elle ne peut plus l'être, sauf à abandonner toute espérance de réussite durable, nécessaire utopie au sens commun. Mais au lieu de partir du tracé des bords, il convient d'inverser la méthode en s'attachant au « centre », c'est-à-dire au projet géopolitique. S'il est urgent de donner une réponse politique à des questions qui se sont imposées dans l'espace public, elle ne peut pas être culturaliste et identitaire mais géopolitique. Il nous faut d'abord redéfinir les intérêts et les finalités de l'Union à l'ère de la mondialité, échelle additionnelle de référence. Sur cette base politique seront déduits les tracés de ses limites politiques stabilisées et conçues non pas comme un nouveau « limes », mais comme de véritables horizons d'action.

CONCLUSION

L'angoisse française des frontières

La France fut à l'origine d'un modèle géopolitique visant à la patiente mise en coïncidence d'un Etat fort et centralisé, d'un territoire clairement borné et défendu, d'une nation sûre de son destin singulier et d'une citoyenneté fondée sur le droit du sol. On y promut le concept de « frontières naturelles », c'est-à-dire stratégiques, principe directeur de l'extension du territoire jusqu'à des limites hydrographiques et topographiques facilitant la défense, des Pyrénées au Rhin. Et lorsque nul élément de terrain ne fournissait un tel support, au nord et au nord-est, les monarques et leurs ingénieurs géographes s'employèrent à établir des lignes de fortifications, la ceinture de fer de Vauban : une frontière en glacis. Le modèle de l'Etat-nation, figuré par l'Hexagone, a été exporté en Europe en substitut aux empires rivaux, puis ailleurs, la France étant avec le Royaume-Uni l'un des principaux Etats traceurs de frontières : à elles deux, 39 % du kilométrage des limites des Etats situés hors d'Europe. Le modèle a été renouvelé par le principe du droit des peuples à disposer d'eux-mêmes, qui a trouvé, autre originalité française, sa déclinaison contemporaine dans l'ingérence humanitaire « sans-frontières[1] », mode d'intervention transgressant les Etats mais qui, dans la pratique, impose d'agir à partir des régions frontières voisines. Par la construction européenne, la France sut s'entourer d'alliés durables et accéder enfin à ce degré de sécurité recherchée[2] pendant des siècles et souvent battue en brèche, sur les fronts du Nord et de l'Est. Mais, dans le même temps, la dissuasion nucléaire, nouvelle « frontière de fer », a contribué à sanctuariser le territoire. Même si, par construction, l'aire d'extension des intérêts vitaux reste indéterminée, sujette à l'appréciation du chef de l'Etat, mais dépasse à n'en pas douter l'enveloppe frontalière immédiate, du fait de l'interdépendance cruciale nouée avec les nations voisines[3].

Avec l'ouverture croissante de l'économie et l'intensification des phénomènes de circulation, les frontières françaises n'obéissent plus au modèle classique d'exercice des fonctions régaliennes. Les visas d'entrée valent pour l'ensemble du territoire des Etats participant au système des accords de Schengen[4] et peuvent être délivrés par d'autres Etats membres. La mise en place du marché unique est allée de pair avec la suppression des droits de douane et seul subsiste un tarif extérieur commun, ne représentant plus que 11 % des recettes du budget communautaire. La part du commerce intracommunautaire dans les exportations totales de la France est de 58 %. Les modalités et les niveaux de la fiscalité – variant du simple au double – demeurent un facteur de différenciation dans la compétition entre les Etats membres de l'Union ; leur harmonisation est un vaste chantier. La souveraineté monétaire a été déléguée à une instance fédérale, la Banque centrale européenne, sise à Francfort. La scène européenne est marquée par une forte concurrence entre les élites nationales et l'émulation franco-britannique est aussi vive à Bruxelles qu'elle l'est entre ingénieurs et chefs d'entreprise dans la relation franco-allemande. La construction européenne voulue par la France est donc un défi pour sa conception classique de la gestion de l'Etat et de son territoire, exercée désormais selon des frontières différenciées. Interrogée sur les avancées liées à l'Union, l'opinion française place en tête la libre circulation des personnes, la liberté de voyager, travailler et étudier[5], devant l'euro, la paix et la diversité culturelle. On voit cependant poindre une inquiétude croissante sur le « manque de contrôle aux frontières » et sur les limites « ultimes » de l'Union européenne, trop mouvantes à ses yeux.

Les régions frontalières françaises sont elles-mêmes dans une situation paradoxale. Alors que la France est, à l'échelle nationale, largement bénéficiaire de la construction européenne, on relève, à l'échelle locale et régionale, des situations de faiblesse économique relative. En témoigne le fait que chaque jour 276 000 résidants en France franchissent les frontières pour travailler de l'autre côté et bénéficier des emplois plus nombreux offerts et de rémunérations plus élevées[6] : une centaine de milliers vers Bâle et Genève, plus de 55 000 vers le Luxembourg, en hausse rapide, et une cinquantaine de milliers vers l'Allemagne. Les flux liés au travail sont réduits et plus équilibrés avec l'Espagne et l'Italie[7]. Cela concerne environ 1 % des foyers fiscaux français. Il y a là une asymétrie économique[8], marquée par de fortes disparités et débouchant sur une dépendance croissante des espaces frontaliers vis-à-vis de l'économie des régions riveraines, notamment autour des pôles attractifs de Genève, Bâle, Sarrebrück et Luxembourg. Le taux de chômage en Catalogne est trois fois inférieur à celui des Pyrénées-Orientales et les flux de travailleurs se sont inversés dans les dernières années, au profit de l'Espagne. Les décalages et les disparités, créateurs de flux et d'échanges commerciaux, s'étendent à la fréquentation des écoles et universités, des hôpitaux et des maisons de retraite. Les frontaliers savent utiliser les avantages comparatifs. Mais l'obligation de travailler hors de France ne suscite pas nécessairement un sentiment proeuropéen dès lors que c'est un choix par défaut.

Les électeurs des circonscriptions frontalières étaient partagés lors du référendum de mai 2005 sur le projet de Constitution européenne. Sur 19 départements frontaliers, seuls deux – Bas-Rhin (56 %) et Haute-Savoie (54 %) – ont exprimé une approbation. Les résultats doivent cependant s'apprécier à une échelle plus fine, celles des agglomérations urbaines et des cités-dortoirs directement concernées par l'interaction frontalière quotidienne. On relève sans surprise une majorité positive à Strasbourg (62 %) et à la frontière suisse, à Ferney-Voltaire, à Saint-Julien-en-Genevois (63 %) et à Saint-Louis (53 %), banlieue de Bâle. Mais le pourcentage de votes favorables a dépassé à peine 50 % à Lille, Thionville, Mulhouse, Annemasse, Barcelonnette et Bayonne. Partout ailleurs, dans les villes de passage, d'Hendaye au Perthuis, de Tende[9] à Briançon, ainsi que dans les villes moyennes et les banlieues encore affectées par les crises de reconversion industrielle, les résultats sont massivement négatifs, surtout dans les communes de résidence des travailleurs frontaliers. C'est notable dans le nord de la Moselle et de la Meurthe-et-Moselle : Longwy, Villerupt (70,9 % de non), cité-dortoir de Esch-sur-Azlette, en pleine expansion au sud du Grand Duché mais sans guère de concertation transfrontalière, Saint-Avold, Forbach et Sarreguemines, inclues dans le bassin d'emploi de Sarrebrück. Signe d'un sentiment d'être exposés et vulnérables, même si les conditions matérielles sont plus favorables pour les frontaliers que pour les actifs restés en territoire français.

Dans ces conditions, la coopération transfrontalière, symbole de la réconciliation européenne, n'a pas encore atteint ses objectifs d'adhésion des sociétés civiles au projet européen. Elle devrait constituer une priorité politique plus affirmée, visant à réduire les disparités et à faciliter les projets communs de formation et d'innovation. Sa mise en œuvre officielle au plan local est lente. L'Etat central a longtemps été réticent à déléguer ses pouvoirs de négociation aux collectivités locales, d'autant que la différence des modes d'organisation administrative déroute les acteurs des voisins à régime fédéral[10]. De nombreuses initiatives ont été prises entre Français et Allemands et cela a sa traduction dans le résultat des élections, au moins en Alsace. Mais beaucoup d'instances n'ont de rôle que consultatif[11]. Il a fallu attendre l'accord de Karlsruhe de 1996 pour institutionnaliser les coopérations transfrontalières entre France, Allemagne et Luxembourg et monter des projets financés par les programmes européens Interreg. L'accord franco-belge de coopération est entré en vigueur en 2005. L'eurocité Bayonne-Saint-Sébastien marque le pas, faute d'engagement français, en dépit du traité de Bayonne de 1995. En 2006 2007 ont été établis les premiers Eurodistricts : Strasbourg-Ortenau d'abord, lancé par la déclaration du 40e anniversaire du traité franco-allemand de l'Elysée en 2004, puis l'Euro-métropole Lille-Kortrijk-Tournai[12]. La Commission européenne travaille à un projet d'instrument juridique, le groupement européen de coopération transfrontalière, de manière à mieux tirer parti du budget européen affecté à ces programmes locaux et transformer les interfaces frontalières en creusets. La construction européenne devrait logiquement être un vecteur privilégié de prospérité des communes frontalières françaises. On est encore loin du compte. Mais il faut choisir entre le modèle de frontières intangibles gérées par l'Etat depuis le centre et la délégation de compétences aux collectivités régionales bordières. Si l'on veut mobiliser la frontière comme une ressource et non la vivre comme une contrainte subie, les acteurs locaux doivent mieux s'en saisir en espérant que l'Etat leur fasse confiance.

Il y a donc là un chantier original et méconnu, revêtant autant d'importance à l'échelle nationale que le débat souhaitable sur les limites ultimes de l'Union européenne, qui lui est lié. L'un et l'autre ont en effet trait à une identité politique en mutation, régionale dans un cas, globale dans l'autre. Et c'est avec les autres Européens et la conviction que l'action politique a bien un sens que sera conjurée cette peur de l'avenir et du vaste monde qui entretient cette angoisse des frontières.

ANNEXE

Chroniques frontalières 2010-2012

2010

8 janvier	Attaque de l'autocar de l'équipe togolaise de football à Massabi, poste frontière entre le Congo et l'Angola (enclave de Cabinda), revendiquée par le FLEC-PM (« position militaire »), à la veille de l'ouverture de la Coupe de l'Afrique des Nations.
10 janvier	Annonce par le gouvernement israélien de la construction d'un mur anti-migratoire dans le Sinaï, « seul endroit du monde où il suffit de marcher 10 mètres pour passer du tiers monde au premier monde » selon Netanyahou (coût estimé à 1,3 Mds$ pour un mur de type de celui qui clôt la Cisjordanie ou de 120 M$ pour l'option d'une barrière électronique).
4 février	Le ministre mauritanien de l'intérieur désigne 35 points de passage officiels de franchissement des frontières avec les 4 pays voisins par les étrangers dans le contexte de la

lutte contre l'AQMI (Al Qaida au Maghreb Islamique).

15 février — Tension entre le Royaume-Uni et l'Argentine à la suite de l'arrivée d'une plate-forme de forage venue d'Ecosse pour explorer l'est des Falklands (Falklands Oil and Gas et Grasshoper, Australie) – Shell avait trouvé du gaz et du pétrole en 1998 mais les prix étaient trop bas. L'Argentine a protesté et retenu un bateau danois battant pavillon britannique et transportant des tubes d'acier (destinés à l'Egypte). Un recours à la Cour internationale de justice (CIJ) est probable.

6 mars — Reprise du contentieux frontalier entre le Canada et les Etats-Unis sur la limite en mer de Beaufort.

9 mars — Le juge Jose Luis Jesus, président du Tribunal international pour la loi de la mer, a désigné trois arbitres pour résoudre le différend maritime entre l'Inde et le Bengladesh. Il devra trancher en particulier sur le statut d'un haut fond (Talpatti sud/New Moore) apparu après un cyclone et en passe de submersion, mais revendiqué par les pêcheurs des deux Etats et pouvant influer sur le tracé de la frontière maritime.

23 mars — La Cour constitutionnelle de Slovénie accepte le recours à un arbitrage international pour régler les contentieux avec le voisin croate.

26 mars — Probable torpillage de la corvette sud-coréenne « Cheonan » par la marine nord-coréenne à proximité de la ligne maritime nord qui limite la zone tampon large de 4 km en mer Jaune, à 2 km au sud-ouest de l'île Baengnyeong (la plus septentrionale de l'archipel d'Onglin).

20 avril — La Cour internationale de justice (CIJ) rend un arrêt sur un conflit environnemental opposant

l'Argentine à l'Uruguay depuis 2006 à propos des pollutions engendrées par l'usine de pâte à papier Botnia, située en Uruguay sur la frontière argentine. Les juges ont débouté l'Argentine mais reprochent à l'Uruguay de ne pas avoir informé son voisin du projet Botnia.

Démarcation entre la Rwanda et l'Ouganda (169 km ; pas de contentieux ; 38 piliers de la commission anglo-allemande de 1910 ; passe dans le parc de Virunga et deux autres).

22 avril — Mise en œuvre de l'accord sur la frontière maritime entre Brunei et la Malaisie à Bornéo ; intéresse deux blocs dont l'un était concédé à Total (bloc J, où un bateau avait été déplacé par la marine malaisienne en 2003).

Accord entre Trinité et Grenade sous pression de Global Petroleum Group, russe, sur Grenade pour clarifier la limite.

27 avril — Accord qualifié d'historique entre la Russie et la Norvège par Dimitri Medvedev et Jens Stolenberg sur la mer de Barents et l'Arctique. Il s'agit d'un accord préliminaire avant un traité de délimitation. Après 40 ans de négociations. Une zone de 175 000 km^2 est divisée en deux parties de taille équivalente.

15 mai — Tensions politiques autour de la loi SB 1070 contre l'immigration clandestine votée par le Sénat de l'Arizona pour « rendre sûre la frontière ». Le pouvoir fédéral répond que la gestion de la frontière et de la migration est de son ressort.

21 mai — Accrochage meurtrier à Buhudle (district d'Ayn) entre forces armées éthiopiennes et somaliennes, enclave du Puntland situé dans un territoire revendiqué par le Somaliland, la frontière de 1920 étant peu visible.

28 mai	Le Conseil de la république du Bélarus ratifie les arrangements frontaliers avec l'Ukraine et la Lituanie et les procédures de démarcation avec l'Ukraine.
mai-juin	45 postes frontières ont été établis par décret du gouvernement mauritanien le long du fleuve frontalier Sénégal et sur la dyade avec le Mali ; le tiers des confins frontaliers avec le Mali et le Maroc sont déclarés zone militaire interdite.
1er juin	L'Egypte ouvre sa frontière avec Gaza au poste de Rafah (fermé en 2007).
9 juin	L'Erythrée et Djibouti approuvent le plan de médiation du Qatar relatif à leur différend sur le tracé de l'ancienne frontière franco-italienne sur la péninsule de Doumeirah, après la crise militaire de 2008 liée à une divergence d'interprétation de l'accord franco-italien de 1901.
22 juillet	La Cour internationale de justice (CIJ) rend un avis consultatif selon lequel la déclaration unilatérale d'indépendance du Kosovo est conforme au droit international.
22 juillet	Accord entre le Koweit et l'Arabie Saoudite pour la démarcation de leur frontière terrestre longue de 250 km, qui sera effectuée par NZ Aerial Mapping, firme néozélandaise.
27 juillet	Le Burkina Faso et le Niger soumettent leur contentieux territorial à la CIJ (lié à une divergence d'interprétation de l'amendement apporté à l'arrêté colonial de 1927).
3 août	Echange de feu entre forces libanaises et israéliennes le long de la Ligne bleue à la suite de l'élagage d'un arbre.
18 août	La Maison Blanche annonce le déploiement de 1 200 soldats de la garde nationale le long de la frontière sud, en complément du programme *Operation Jump Start*, forte de

	6 000 gardes nationaux, en appui à la poursuite de l'édification d'une barrière et de routes de patrouille (coût 1,4 Md$).
19 août	Accord de coproduction du gisement maritime transfrontalier de Loran Manatee entre le Venezuela et Trinité-et-Tobago.
27 août	Tensions entre l'Indonésie et la Malaisie à propos de leurs limites maritimes dans les secteurs situés entre les détroits de Johor et de l'île de Bintan et les îles de Natuna du sud et le détroit de Sulawesi.
7 septembre	Début de graves tensions entre la Chine et le Japon à propos des îles Diaoyutia/Senkaku.
24 septembre	En marge de l'Assemblée générale des Nations unies, Barack Obama offre une normalisation au régime de Khartoum et la levée des sanctions si le référendum sur l'indépendance du Sud-Soudan se déroule dans le calme et si la violence cesse au Darfour.
21 octobre	Renouvellement de l'accord bilatéral entre la Bolivie et le Pérou sur l'usage du port Bolivamar situé en territoire péruvien, faute d'accord avec le Chili.
30 octobre	L'Union européenne envoie pour deux mois à la frontière gréco-turque, 175 gardes armés, issus de 25 pays, afin d'assister la Grèce qui fait face à un afflux de migrants illégaux traversant le fleuve Evros au sud de la ville turque d'Edirne (lieu de passage des trois quarts des entrées illégales dans l'UE).
1er novembre	Méditation de l'OEA (Organisation des Etats américains) sur le contentieux entre le Nicaragua et le Costa Rica sur le rio San Juan.
	Visite de Dimitri Medvedev dans les îles Kouriles, occupées depuis 1945 et revendiquées par le Japon. Crise diplomatique sur un

	contentieux non réglé qui empêche la signature d'un traité de paix entre Tokyo et Moscou depuis 65 ans.
17 décembre	Accord de délimitation maritime entre Israël et Chypre.
novembre-décembre	Intensification de l'action diplomatique autour des enjeux liés au double référendum prévu le 9 janvier 2011 sur le statut du Soudan méridional et la délimitation de l'éventuelle frontière internationale dans la région d'Abyei (district pétrolier, agro-pastoral et multiethnique, qui doit choisir son rattachement au nord ou au sud). Le vice-président soudanais Ali Osmane Taha a promis devant l'ONU que son gouvernement acceptera les résultats des deux référendums, qui consacreront une partition.

2011

3 janvier	La Grèce envisage d'édifier un mur avec la frontière turque.
5 janvier	L'ONU se déclare non compétente pour traiter du différend israélo-libanais.
9 janvier	Fin du programme américain de barrière virtuelle à la frontière avec le Mexique.
12 janvier	Ratification par le Tadjikistan de l'accord de démarcation avec la Chine, qui clôt 117 années de différend et d'indéfinition.
1er février	Reprise des tensions entre Cambodge et Thaïlande.
4 février	Déclaration conjointe Canada/Etats-Unis (Obama/Carter : « Beyond the border ») sur « une vision partagée pour un périmètre de sécurité et la compétitivité économique ».

15 février	Un rapport du GAO (Government Accountability Office) estime que 15 % seulement de la dyade américano-mexicaine est « contrôlée » et que la majorité est « gérée » après que les entrées illégales se soient produites, malgré un budget fédéral de 43,2 Mds$.
14 mars	Accord entre le Nigéria et le Cameroun, sur pression d'une filiale de la SINOPEC, pour le développement conjoint des ressources pétrolières situées de part et d'autre de leur frontière maritime agréée après le jugement de la CIJ sur la péninsule de Bakassi.
23 mars	Le *Dia del mar* (jour de la mer) est célébré avec plus d'emphase en Bolivie pour réactiver la représentation collective du débouché maritime perdu lors de la guerre du Pacifique.
26 avril	Le Cambodge saisit la CIJ sur la dispute du temple de Preah Vihear.
15 mai	Tensions graves à la frontière syro-israélienne sur le Golan, près de Majdal Shams (pour la première fois depuis 1973).
20 mai	Tirs contre des garde-frontières grecs et allemands, de l'agence européenne Frontex, par des passeurs sur le fleuve Evros.
28 mai	L'Egypte ouvre le poste frontière de Rafah avec Gaza.
1er juin	Reprise des tensions dans le secteur d'Abyei.
5 juin	Nouvelle tension sur le Golan.
7 juin	Célébration de la journée africaine des frontières à Addis Abeba par le commissaire à la paix et à la sécurité, Ramtane Lamamra.
8 juillet	Note diplomatique de la Bolivie à la CIJ à propos du refus péruvien d'un accord Chili-Bolivie d'accès à l'Océan.
9 juillet	L'indépendance du Soudan du Sud devient effective, sans accord de délimitation avec le Soudan et les pays voisins.

16 août	Tensions entre le Kenya et l'Ethiopie sur la construction du barrage GITE 3 dans la vallée de l'Omo en amont du lac Turkana et raids de tribus pastorales.
23 août	Demande d'identification par une frégate chinoise d'un navire indien (INS *Airavat*) quittant le port vietnamien de Danang et navigant dans les eaux internationales.
29 août	L'Algérie ferme sa frontière avec la Libye.
8 septembre	Inde et Bangladesh signent un protocole pour éliminer par voie d'échange leurs enclaves respectives dans la région de Cooch Behar (111 et 34 000 habitants au Bangladesh et 51 et 17 000 habitants en Inde). La cartographie complète de la frontière commune a été achevée le 21 août et les deux hauts commissaires ont commencé de parapher les 1 149 cartes issues d'enquêtes de démarcation sur 4 156 kilomètres. Les habitants peuvent rester sur place et changer de citoyenneté.
21 septembre	Tensions entre Chypre et la Turquie sur l'exploration pétrolière entreprise par Chypre dans sa zone économique exclusive ; Ankara menace d'envoyer la flotte.
23 septembre	Un tribunal arbitral chargé de faire respecter l'accord de 1960 sur le partage des eaux de l'Indus a été saisi par le Pakistan à propos du projet indien de barrage de diversion des eaux de la rivière Kishenganga en amont du point où elle franchit la Ligne de contrôle (LoC) en direction du Cachemire pakistanais.
10 octobre	La Chine et le Vietnam s'accordent sur des principes pour régler leurs différends maritimes lors d'une visite de Nguyen Phu Trong, secrétaire général du Parti communiste vietnamien. Les deux parties maintiennent leurs

revendications sur les îles Paracels et plusieurs îlots situés au nord de l'archipel des Spratley situé en mer de Chine méridionale/ mer de l'Est, après des incidents en mai et juin opposant la marine chinoise à des navires d'exploration pétrolière contractés par le Vietnam.

12 octobre — Rencontre tripartite des ministres des Affaires étrangères à Koweit avec l'Iran et l'Arabie Saoudite à propos des différends anciens sur leurs frontières maritimes et le champ gazier de Dorra.

16 octobre — Intervention de l'armée kenyane en Somalie contre les milices islamistes des chebab pour créer une zone tampon large de 100 km à la frontière et accéder au port de Kismayo.

18 octobre — Mission sud-coréenne de toponymie à Monaco et Paris à propos de la dénomination de la mer située à l'est de la péninsule, mer du Japon ou mer de l'est. Séoul entend faire accepter par Tokyo le double usage, selon la jurisprudence de l'Union hydrographique internationale et s'appuie sur une compilation de cartes anciennes (dont celles illustrant le *Tour du monde en 80 jours*).

25 octobre — L'Union européenne doit se doter de systèmes plus modernes et efficaces pour la gestion des flux de voyageurs à ses frontières extérieures, soit plus de 700 millions de citoyens européens et de ressortissants de pays tiers. Une hausse de 80 % du nombre de voyageurs transitant par les aéroports européens est attendue d'ici 2030.

17 novembre — Lors du sommet annuel de l'ASEAN à Bali, la présidente des Philippines recherche l'appui des Etats de l'Asie du Sud Est pour contrer les revendications de la Chine en mer de Chine du sud, après une demande chinoise d'annulation d'un contrat d'exploration pétrolière accordé par Manille dans les zones 3 et 4 au large de Palawan.

27 novembre	Le général américain John Allen, commandant en chef de la coalition, à la suite de la mort de vingt-quatre soldats pakistanais dans la zone tribale d'administration fédérale de Mohmand, estime que *« la zone frontalière est une zone où il est très difficile d'opérer »* en raison de l'altitude et de la démarcation incertaine de la frontière ; *« nous ne sommes toujours pas d'accord sur son tracé »*.
Fin novembre	Il se confirme que l'armée syrienne a posé des mines sur la partie syrienne de la dyade avec le Liban au nord de la vallée de la Bekaa.
4 décembre	En riposte aux sanctions préconisées par Ankara sur le régime de Bachar el Asad, fermeture des frontières syro-turque (province de Hatay) et syro-jordanienne par Damas pendant une semaine puis doublement du tarif de péage pour les trois cents camions turcs qui franchissent la frontière chaque jour et dont les deux-tiers assurent la liaison entre la Turquie, l'Arabie Saoudite et le Golfe. La voie irakienne alternative est moins sûre et est longue de 1 900 km contre 560 km entre la Turquie et l'Arabie Saoudite *via* le territoire syrien.
5 décembre	Arrêt de la CIJ dans le différend qui oppose la Macédoine à la Grèce au sujet du nom de l'ancienne République yougoslave. La CIJ dit que la Grèce, en s'opposant à l'admission de l'ex-République yougoslave de Macédoine à l'Otan, a manqué à l'obligation que lui impose le paragraphe 1 de l'article 11 de l'accord intérimaire de 1995 (qui indiquait que la divergence sur le nom de l'Etat n'autorisait pas la Grèce à s'opposer à l'admission du demandeur dans les organisations internationales ou régionales dont le défendeur est membre).

8 décembre	Découverte d'un cent vingt-cinquième tunnel sous la frontière américano-mexicaine, dans la région de San Diego, servant au trafic de drogue.
13 décembre	Réunion à Bruxelles des ministres européens de l'Intérieur et de l'Immigration consacrée à la réforme de l'accord de Schengen afin de renforcer les contrôles sur les frontières externes de l'Union européenne, notamment en Grèce et au sud de l'Italie.
23 décembre	Installation, à l'initiative d'un groupe religieux protestant, d'une tour de 29 mètres en forme de sapin de Noël géant sur la colline d'Aegibong, proche de 3 kilomètres de la frontière intercoréenne, en face de Gaesong, malgré les protestations de la Corée du Nord qui dénonce « dans ce symbole de décadence christiano-capitaliste une tentative de guerre psychologique ».

DES QUESTIONS FRONTALIÈRES À SUIVRE EN 2012 :

– Affaires pendantes à la Cour internationale de justice de La Haye :

Projet Gabčíkovo-Nagymaros (Hongrie/Slovaquie) ; différend territorial et maritime (Nicaragua c. Colombie) ; différend maritime (Pérou c. Chili) ; épandages aériens d'herbicides (Equateur c. Colombie) ; différend frontalier (Burkina Faso/Niger) ; certaines activités menées par le Nicaragua dans la région frontalière (Costa Rica c. Nicaragua) ; demande en interprétation de l'arrêt du 15 juin 1962 en l'affaire du Temple de Préah Vihéar (Cambodge c. Thaïlande)

– Tensions persistantes :

Mer de Chine du Sud ; Méditerranée orientale (Chypre/Turquie/Israël/Liban) ; Israël/Gaza/Cisjordanie ; Arménie/Azerbaïdjan ; Ouzbékistan/Tadjikistan/Kirghizstan ; Ligne Durand ;

Mer de Chine méridionale/Mer de l'Est ; Sahara Sahel (Mali/Algérie ; Niger/Libye) ; Irak/Turquie ; Soudan du Sud ; Djibouti/Erythrée ; Ethiopie/Kenya/Somalie ; saga centre-américaine et disputes Bolivie/Chili/Pérou.

Notes

Introduction

1. Les premières étapes de ce projet de recherche furent *L'Invention des frontières* en 1986 et *Fronts et Frontières, un tour du monde géopolitique* en 1988 et 2004.

2. On ne comptait que 51 Etats indépendants en 1945 contre 159 en 1990 et 193 en 2011. Le nombre d'Etats représentés aux Nations unies a ainsi été multiplié par quatre.

3. Mais aussi Chypre, Israël/Palestine, Inde/Pakistan, Soudan.

4. Henri Wesseling, *Le Partage de l'Afrique*, 1996, p. 684.

5. 19 700 km de nouvelles frontières en Asie à partir de 1947.

6. *Uti possidetis, ita possideatis* : « Comme vous possédiez, vous possédez. »

7. Jean-Pierre Filiu, *Les Frontières du jihad*, 2006.

8. Confins saharo-sahéliens, Sinaï, Somalie, Bagdad et régions sunnites, districts du Nord-Ouest pakistanais et les villes, Gujarat indien, confins thaïlandais et malais.

9. *Le Pas suspendu de la cigogne*, de Theo Angelopoulos, 1991.

10. Jean-Pierre Vernant, *La Traversée des frontières*, 2004

11. Les chroniques sont fondées sur des sources ouvertes (médias nationaux et internationaux, Union africaine, Commission européenne, BBC, Reuters, AFP, IBRU, CIJ, etc.)

1. Régler les frontières

1. *zhongguo* (« milieu », « centre ») et *waiguo* (« pays extérieurs »).

2. *heping juequi*, surgissement de la Chine vers la prééminence, selon l'expression de Deng Xiaoping.

3. Michel Foucher (dir.), *Asies nouvelles*, 2002, p. 298.

4. En complément des traités de 1991, 1992, 1994 et de l'accord de démarcation de 1997.

5. Il gardait à l'esprit le conflit armé de mars 1969 qui avait porté sur l'île Damanski, sur le haut Amour, lié techniquement à une divergence d'interprétation sur le tracé : la frontière était-elle sur la rive droite (thèse russe) ou bien au milieu du talweg (thèse chinoise) ?

6. Des traités bilatéraux furent signés par chacun des 4 avec la Chine entre 1994 et 1999, au prix de concessions territoriales kirghize et tadjike en faveur de la Chine.

7. Le sort de trois îles, deux – 360 km2 – situées à la confluence de l'Oussouri et de l'Amour en face de Khabarovsk et l'autre – 50 km2 – sur le haut Argoun, fut scellé en 2005.

8. Iwashita Akihiro, *A 4000 Kilometer Journey along the Sino-Russian Border*, Sapporo, 2004.

9. Vilia Grebas, « Chinese Migration and Chinese Ethnic Communities in Russia », in *World in the Mirror of International Migration*, vol. 10, Université Lomonossov, 2002.

10. On citera pour mémoire la fin de la démarcation en juin 2007 de la limite entre l'Inde et le Népal fixée au traité de Sugauli en 1816 par les Britanniques, sur 1 690 km, seul cas de règlement en Asie du Sud qui présente sur toutes ses dyades de graves problèmes.

11. Michel Bruneau, *L'Asie entre Inde et Chine : logiques territoriales des Etats*, 2006, p. 67.

12. Le tripoint Laos-Vietnam-Chine a été agréé en octobre 2006 à Pékin, sur le mont Khoan La San à 1 864 mètres d'altitude.

13. Michel Blanchard, *Vietnam-Cambodge, une frontière contestée*, 1999.

14. Raoul Jennar, « Les frontières du Cambodge », thèse, 1998.

15. Autres accords à signaler : Vietnam-Laos 1976-90 ; Laos-Myanmar 1993-1995 et avec Chine ; Laos Thaïlande juin 2003-début 1996.

16. Juillet 2007.

17. Michel Foucher (dir.), *Asies nouvelles*, 2002, p. 62.

18. Michel Comau, « L'exception autoritaire ou l'improbable point d'Archimède de la politique dans le monde arabe », *in* Elisabeth Picard (dir.), *La Politique dans le monde arabe*, 2006.

19. MEMRI, 12/10/2006, n° 1318.

20. L'interaction israélo-palestinienne est traitée dans le chapitre II.

21. *Okaz*, journal saoudien, 4/12/2006.

22. « Atlas de l'intégration régionale », CEDEAO-CSAO/OCDE 2007.

23. Information du Club du Sahel et de l'Afrique de l'Ouest de l'OCDE.

24. Terme proposé par Matthew Carter, Stacy Tarango et Pierre Englebert, *in* « Dismemberment and suffocation : a contribution to the debate on African boundaries », Pomono College, Claremont, CA, février 2001.

25. *Atlas du Sahel*, Club du Sahel et de l'Afrique de l'Ouest, OCDE.

26. Colette Braeckman, « Carnet », 21/3/2007.

27. Le bref conflit de Noël 1985 entre le Mali et le Burkina Faso provoqué par un recensement burkinabé en zones contestées a débouché sur un jugement de la CIJ qui a été appliqué deux ans plus tard. *Idem* entre Tchad et Libye après une intervention militaire française, une médiation d'Hassan II, un arrêté de la CIJ confirmé par la résolution 915 de l'ONU et le constat du retrait des troupes libyennes par la résolution 946.

28. Cour internationale de justice, La Haye, 10/10/2002.

29. A savoir un loxodrome d'azimut 187° 52' 27".

30. L'Amérique latine n'a pas été concernée par ce mouvement récent de règlement de ses frontières, l'essentiel ayant été réalisé entre les années 1820 et les années 1940.

31. Le trafic reste encore faible : 100 véhicules par jour entre Algérie et Niger, 500 entre Niger et Nigeria et plus de 1 000 au nord de Tamanrasset.

32. Un cinquième des kamikazes d'Al Qaida en Irak proviendrait des confins sahélo-sahariens, recrutés par le GSPC, groupe salafiste pour la prédication et le combat, qui a fait alliance avec Al Qaida en 2006 (*El Pais*, 31-3-2007).

33. Bauer Paul, Darley Mathilde (dir.), *Les Frontières de l'Union européenne : franchissement et résistance*, Prague, Cahiers du Cefres, septembre 2007.

34. *Haaretz*, 16/1/2007.

35. Les sources du Dan, sur le Golan, ont un débit annuel de 225 millions de m3, soit autant que l'aquifère des collines de Judée.

2. Clôturer les limites

1. Michel Foucher, « Les frontières de l'Afghanistan », *in* « Les frontières du Tiers Monde, géographie et géopolitique », livres IV et V, thèse de doctorat d'Etat, Sorbonne, 1986. Voir aussi *Fronts et Frontières, un tour du monde géopolitique*, Fayard, 3e édition, 2004.

2. Lettre de Mortimer Durand à Kimberley du 3 janvier 1894, *India Secret Letters*, nos 1 et 2.

3. *Ibid.*, la lettre n° 2, point 10.

4. Ses quatre composantes sont la soumission après la défaite, le revanche, la bravoure et l'hospitalité.

5. Du nord au sud se situent Bajaur (avec les Tarkani et les Utmankhel), Khyber (Afridi et Shinwari), Kurram (Turi et Bangash), Mohmand, Orakzai et les Waziristan nord (Wazir et Meshud) et sud (Wazir et Dawar).

6. Jean-Pierre Filiu, *Les Frontières du jihad*, 2006.

7. FATA, Federally Administrated Tribal Areas.

8. « Border Management in an Insecure World », *7th International Conference of IBRU*, Durham, avril 2006, p. 15.

9. De 5 à 10 millions de mines, selon Geneva Call, ONG qui lutte pour l'interdiction des mines antipersonnel.

10. International Crisis Group, rapport 65, juin 2007, p. 12.

11. Tzipi Livni, *Le Monde*, 15-16/1/2006.

12. Michel Foucher, *Fronts et Frontières, op. cit.*, 1998 et 2004, p. 372-401.

13. *Le Monde*, 29/12/2006.

14. Catalogue de l'« Exposition Frontière(s) », Lyon, Barcelone, 2006-2007.

15. Shaul Arieli, « Disengagement, the " Seam " Zone and Alternative Conflict Management », *JCSS*, vol. 7, n° 2, août 2004.

16. « La Frontière Israël-Palestine, changements et continuité », *Outre-Terre*, n° 9, 2004, p. 139.

17. *Migrations et Société*, oct. 2006.

18. *Le Monde*, 27/7/2005.

19. A l'extrême sud de la Thaïlande, pour enrayer les actes de violence provoqués par des séparatistes musulmans de culture malaise à l'encontre des thaïs bouddhistes, des professeurs accusés de vouloir assimiler les élèves malais et des ouvriers des plantations d'hévéas, qui trouvaient refuge en Malaisie voisine, l'armée avait obtenu le principe de la construction d'un mur de béton en 2004 sur une centaine de kilomètres à la frontière avec la Malaisie, au sud des provinces de Yala et Marathiwat. La réalisation de ce projet, destiné également à enrayer le trafic de drogue, dépend d'un accord entre les deux Etats.

20. La publicité d'Aeromexico à Hermosillo dit ceci : « Dans le contexte de la globalisation, sa situation géographique est utilisée pour promouvoir le développement de son industrie et du commerce, impulser son trafic aérien, améliorer ses capacités de communication terrestres. »

21. Note législative n° 56, 20/9/2006.

22. *Migration Policy Institute*, juin 2006

23. David Bohigan, déclaration du secrétaire adjoint au Commerce, 12/1/2007.

24. Peter Andreas, « Politics on Edge : Managing the US-Mexico Border », in *Current History*, février 2006.

25. Catalogue de l'exposition « Frontière(s) : Images de vie entre les lignes », Lyon, Barcelone, 2006.

26. Taylor et Robideaux, *Projet de recherche sur les politiques*, 2004.

27. Kipros Kibriz et Vesna Marinkovic, *Chypre, une déchirure pour un peuple*, Fondation Robert Schuman, note 35, 2006

28. Frederik Barth, *Ethnic Groups and Boundaries : The Social Organization for Cultural Difference*, 1969.

29. Nom du programme européen : EUBorderConf.

30. Projet : « Mapping frontiers, plotting pathways : routes to North South cooperation in a divided island », Center for International Border Research, Belfast et Institute for British-Irish Studies, Liam O'Dowd, 2004-2006

31. « The Future of North-South Cooperation », conférence à Dublin, 27/5/2005.

3. La production continue des frontières politiques

1. *Essais et Traités sur plusieurs sujets*, Ire partie, essai XIV.

2. Chiffres inférieurs à la réalité sur le terrain du fait des sécessions abkhaz, Ossétie du Sud et Karabakhtsie.

3. Voir Tilo Schabert, *Mitterrand et la réunification allemande, une histoire secrète (1981-1995)*, Grasset, 2005.

4. Accord signé en 1985 pour créer un espace de libre circulation entre Etats signataires, soit 13 plus la Norvège et l'Islande, impliquant un renforcement coordonné du contrôle sur les frontières externes.

5. Andrei Zagorski, « National Threats Perception : Survey Results from Russia », *Garnet Project*, mai 2007.

6. Jean Radvanyi, exposé au CERI, 2007.

7. *Foreign Policy*, n° 105, 1996-1997, p. 159.

8. Gallimard, 2005.

9. Julien Thorez, « Flux et dynamiques spatiales en Asie centrale. Géographie de la transformation post-soviétique », thèse, 2005.

10. Denis Eckert, *Le Monde russe*, 2004.

11. Leonid Vardomsky, Académie des sciences, IISS, 2006.

12. Selon Vladimir A. Glukhov, séminaire OSCE, Vilnius, juin 2001.

13. Michel Foucher (dir.), *Fragments d'Europe*, 1993.

14. *Ibid.*, p. 519.

15. Megoran, Raballand et Bouyjou, « Performance, Representation and the Economics of Border Control in Uzbekistan », in *Geopolitics*, n° 10, 2005.

16. G. Raballand, *L'Asie centrale, la fatalité de l'enclavement*, 2005.

4. Reculer la frontière pour régler les confins

1. Une première version de ce chapitre a été publiée dans *Esprit*, novembre 2006.

2. Pour l'instant, les frontières externes terrestres mesurent environ 12 500 km, chiffre révisable à chaque extension (13 640 km en ajoutant les frontières de la Guyane française avec le Brésil et le Suriname).

3. La Constitution française impose désormais un référendum pour toute nouvelle adhésion après 2009. On ne peut pas en déduire pour autant que ce sont les Français qui décideront seuls des limites ultimes de l'Union.

4. *Cf.* introduction.

5. « Le Saint-Siège voit positivement et encourage la voie du dialogue, du rapprochement et de l'intégration européenne de la Turquie sur la base de valeurs et de principes communs » (Frederico Lombardi). Pour Benoît XVI, la Turquie est un « carrefour des civilisations et charnière entre l'Europe et l'Asie » et Kemal Atatürk avait eu comme « modèle » la France et sa Constitution laïque. « Le dialogue entre la raison européenne et la tradition musulmane est inscrit dans l'existence de la Turquie moderne. »

6. La décision de la Commission de recommander le 26 septembre 2006 l'entrée de la Roumanie et de la Bulgarie dans l'Union dès janvier 2007 et pas un an plus tard comme les traités d'adhésion le permettaient, appuyée sur un texte où le constat de « progrès limités » devient dans la version finale « des progrès ont été réalisés » alors que les lacunes de l'état de droit et de la préparation de ces deux pays sont reconnues, d'abord par eux-mêmes, en est une nouvelle illustration. Comme l'a noté le même jour le président roumain Traian Basescu : « Il ne faut pas se bercer d'illusions. La Roumanie devra parcourir un long chemin entre la date de son entrée dans l'UE et son intégration réelle dans cette grande famille. »

7. Pierre Manent, *Commentaire*, 1995, n° 70, p. 263.

8. Pierre Hassner, *La Terreur et l'Empire*, 2003.

9. Ole Waever, « Insecurity, Security and Asecurity in the West European Non-war Community », in *Security Communities*, E. Adler et M. Barnett, Cambridge University Press, 1998. Voir aussi : Thomas Diez, « Europe's Others and the Return of Geopolitics », *Cambridge Review of International Affairs*, vol. 17, n° 2, juillet 2004.

10. L'ancien Premier ministre Vojislav Kostunica avait déclaré à ce propos que l'intégration européenne n'incluait pas le concept de concessions territoriales (1/8/2006).

11. Centre d'études orientales. Voir aussi les travaux de la Fondation Stefan Batory (« More than Neighbours », Varsovie/Kiev 2004).

12. Olli Rehn, commissaire européen à l'élargissement, ne manque pas de rappeler que 15 % du gaz et du pétrole consommés par l'Union transitent par le territoire turc (6/7/2007). Est-ce un critère d'européanité ?

13. Qui ne s'appliquent pas partout, selon le jeu des interêts géopolitiques particuliers (Balkans orientaux pour le premier : il suffit d'évoquer Bucarest comme Paris des Balkans et la francophonie pour lever toute résistance, Balkans occidentaux pour le troisième, comme avant 1914, Croatie et, à long terme et de manière indirecte, Ukraine pour le second).

14. Les élections législatives du 1er octobre en Bosnie, sous surveillance de 6 000 soldats européens, ont opposé deux rhéteurs nationalistes, Milorad Dodik, Premier ministre de la Republika Srpska, estimant que les « Serbes ne voyaient pas sur le long terme leur avenir en Bosnie », et Haris Silajdzic, qui entend abolir cette entité autonome. Les partis politiques multiethniques ont été marginalisés, onze ans après les accords de Dayton.

15. « The EU must keep its promise to the Western Balkans », CER, juillet 2006, p. 3.

16. « 799. Art et culture de l'époque carolingienne. Charlemagne et Léon III à Paderborn », juillet-décembre 1999.

17. Entretien de l'auteur avec Daniel Vernet, *Le Monde*, 8/6/2006.

18. Comment écarter de l'Union une île proche des côtes libanaises qui fut opportunément présentée par ses dirigeants comme le berceau de « l'Europe » (laquelle ?) et le lieu de naissance d'Aphrodite ?

19. Gilles Lepesant, communication au séminaire Observatoire de la Russie dirigé par Marie Mendras, CERI, 27/6/2006 ; voir aussi Gilles Lepesant, *L'Ukraine dans le nouvelle Europe*, CNRS Editions, 2005, p. 10.

20. In *Le Monde*, 4/8/2006.

21. Boris Tarasiouk suit l'inspiration de Zbignew Bzrezinski, adepte du *roll back*.

22. « Est-ce que les Européens considèrent la Russie comme un partenaire stratégique, une menace ou une terre de mission ? » s'interroge Hubert Védrine (in *L'Express*, 28/2/2005).

23. In *Le Monde*, 22/3/2005.

24. Voir Pascal Orcier, *La Lettonie en Europe*, Zvaigzne / Belin, 2005.

25. Michel Foucher (dir.), *Fragments d'Europe*, 1993, p. 16.

26. « Au XIXe siècle, l'Europe n'a d'autres limites que les bornes de la civilisation occidentale », rappelle Gilles Pécout, in *Penser les frontières de l'Europe*, PUF, 2004, p. 103.

27. Sauf en cas de candidature de l'Etat archipel du Cap-Vert.

28. Actualités de la délégation pour l'UE, n° 119, 17 avril-21 mai 2006, p. 38. (8 et 9 mai, groupe de travail n° 1.)

29. Déclaration d'Olli Rehn au Parlement européen, 15/3/2006.

30. Louis Gautier, *Face à la guerre*, La Table ronde, 2006, p. 321.

31. 9/5/2006.

32. COM (2005) 561 final.

33. A6-0414/2005 final, du 16 décembre 2005.

34. Angela Merkel (9/5/2006, Forum européen du WDR, en présence du Premier ministre polonais, du commissaire Verheugen et de la vice-présidente du Parlement européen).

35. Discours à l'Université Humboldt (Berlin), 18/1/2006.

36. In *Le Monde*, 24/2/2005.

37. *Cf.* exposé de l'auteur à la Fondation pour l'innovation politique, « Les frontières de l'Union européenne en 2020. Etude de quelques hypothèses », 31/3 2005.

38. L'élargissement était un des termes du triptyque de la relance européenne au Conseil européen de La Haye en décembre 1969 (avec achèvement et approfondissement) et concernait 4 candidats : Royaume-Uni, Norvège, Danemark et Irlande. L'Union européenne passa de 6 à 9 membres au 1/1/1973.

39. Discours de George Bush au sommet de l'Otan à Istanbul, 27 juin 2004

40. Création en septembre 2005 d'un Comité pour une Europe forte.

41. Séminaire sur l'avenir de l'Europe, Pori, 20/7/2006 : « L'Europe a besoin d'un nouveau consensus sur l'élargissement. »

42. 28/7/2006, *EU Observer*.

43. Vladimir Poutine, Paris, 30/10/2000.

44. « Les relations entre l'UE et la Russie : quel avenir ? » Rapport d'information des députés René André et Jean-Louis Bianco, commission des affaires étrangères, 14/12/2004 (ils envisagent quatre options : adhésion, tout sauf les institutions, partenariat stratégique, statu quo), p. 73 et 74.

45. Jean-François Pérouse, « La Turquie est-elle intégrable ? Quelques réflexions sur des frontières de part et d'autre imaginées », *in*. Gilles Pécout (dir.), *Penser les frontières de l'Europe du XIX*[e] *au XXI*[e] *siècle*, édition ENS, rue d'Ulm, PUF, 2004.

46. La volonté d'adhésion vaut demande de reconnaissance de tout le chemin parcouru par le régime d'Atatürk et de ses successeurs pour se moderniser et « atteindre le niveau de la civilisation contemporaine » chère à Atatürk. Cela incluait l'abolition du khalifat, l'égalité juridique entre femmes et hommes, l'adoption de l'écriture latine et de vêtements européens, le multipartisme, l'adhésion au Conseil de l'Europe et à l'Otan. L'Union européenne est connue des élites et des familles d'immigrés et méconnue par la majorité, sauf les députés kurdes qui y voient l'occasion d'obtenir des droits culturels.

47. Cengiz Aktar, Université Bahçesehir, « Entretiens France-Turquie II », Istanbul, 13-14/4/2007.

48. Michel Foucher, « Entretiens France-Turquie II », Istanbul, 13-14/4/2007.

49. Journaliste turc d'origine arménienne assassiné le 20 janvier 2007.

50. Discours à la Conférence européenne de Lyngby, 19 mai 2006.

51. Mathias Wismann MdB, « Neue Strategien für die Erweiterung der EU. Das Modelle der gestuften Mitgliedschaft », 16 mars 2006 ; *EU-Integrationmodelle unterhalb der Mitgliedschaft*, Canan Atilgan et Deborah Klein, KAS, n° 158/2006, mai 2006.

52. Il a été développé par Karl-Theodor zu Guttenberg et par les travaux du groupe de travail animé par Sylvie Goulard, avec Carlo Altomonte, Pierre Defraigne, Lucas Delattre, Karl-Theodor zu Guttenberg et Rudolg Sharping, *Note* 38 de la Fondation Robert Schuman, décembre 2006.

53. Michel Foucher : « L'Union un demi-siècle plus tard : état des lieux et scénarios de relance », *Note* 37 de la Fondation Robert Schuman, novembre 2006.

Conclusion

1. A partir de l'action conduite au Biafra par des médecins français, Bernard Kouchner et Claude Malhuret (1971).

2. Le dernier livre blanc sur la défense (1994) constatait « la disparition d'une menace militaire directe à nos frontières ».

3. A la protection des intérêts vitaux traditionnels, Jacques Chirac a explicitement ajouté la garantie de la sécurité des approvisionnements et la défense des pays alliés (19/1/2006).

4. En 2005, la France a délivré un peu plus de 2 millions de visas, soit 20 % des visas accordés par l'ensemble des Etats de l'espace Schengen. Le taux de refus était de 15 %. En raison de l'étendue de son réseau consulaire, elle est l'Etat qui assure le plus de représentation de ses partenaires.

5. Eurobaromètre n° 67, printemps 2007.

6. 2 à 3 fois plus pour le Luxembourg, la Suisse et Monaco.

7. 240 frontaliers du Nord-Pas-de-Calais travaillent chaque jour dans le sud de l'Angleterre.

8. Voir les travaux de la Mission opérationnelle transfrontalière, 2007.

9. Le non a atteint 60 % à Hendaye ; 65 % au Perthuis ; 73,8 % à Cerbère ; 54,7 % à Menton ; 61 % à Tende ; 52 % à Briançon.

10. L'Alsace est la seule région française à pouvoir gérer directement les fonds européens.

11. A l'exception de la Conférence du Rhin supérieur (France, Allemagne et Suisse).

12. 19/3/2007.

Bibliographie sélective

Iwashita Akihiro, *A 4000 Kilometer Journey along the Sino-Russian Border*, Sapporo, 2004.

Anne-Laure Amilhat-Szary et Marie-Christine Fourny (dir.), *Après les frontières, avec la frontière, nouvelles dynamiques transfrontalières en Europe*, L'Aube, 2006.

Shaul Arieli, « Disengagement, the "Seam" Zone and Alternative Conflict Management », *JCSS*, vol. 7, n° 2, août 2004.

Arjun Appadurai, *Géographie de la colère. La violence à l'âge de la globalisation*, Payot, 2007.

Hannah Arendt, *Penser l'événement*, Belin, 1989.

Canan Atilgan et Deborah Klein, « EU-Integrationmodelle unterhalb der Mitgliedschaft », KAS, n° 158, 2006.

Atlas de l'intégration régionale de l'Afrique de l'Ouest, CEDEAO-CSAO/OCDE, 2007.

Etienne Balibar, *Nous, citoyens d'Europe ? Les frontières, l'Etat, le peuple*, La Découverte, 2001.

Thomas P.M. Barnett, *Blueprint in Action : A Future Worth Creating*, Berkley Trade, 2006.

Frederik Barth, *Ethnic Groups and Boundaries : The Social Organisation for Cultural Difference*, Boston, Little Brown, 1969.

Paul Bauer et Mathilde Darley (dir.), *Les Frontières de l'Union européenne : franchissement et résistance*, Prague, Cahiers du Cefres, septembre 2007.

Zygmunt Baumann, *La Société assiégée*, Hachette, Pluriel, 2002.

Zygmunt Baumann, *Le Présent liquide. Peurs sociales et obsession sécuritaire*, Le Seuil, 2007.

Karine Bennafla, « Les Frontières de l'Afrique sont pénalisantes », *in* Georges Courade (dir.), *L'Afrique des idées reçues*, Belin, 2006.

Michel Blanchard, *Vietnam-Cambodge. Une frontière contestée*, L'Harmattan, 1999.

Christian Bouquet et Hélène Velasco-Graciet (dir.), *Regards géopolitiques sur les frontières*, L'Harmattan, 2007.

« Border Management in An Insecure World », *7th International Conference of IBRU*, Durham, 2006.

Michel Bruneau, *L'Asie d'entre Inde et Chine. Logiques territoriales des Etats*, Belin, 2006.

Centre d'analyse et de prévision, « L'Europe, quelles frontières ? », Culturesfrance, 2007.

Sergio Caramelo, *Uniâo Europeia, Fronteira e Territorio*, Iberografias 11, Campo de Letras, 2007.

Matthew Carter, Stacy Tarango et Pierre Englebert, « Dismemberment and suffocation : a contribution to the debate on African boundaries », Pomono College, Claremont, CA, février 2001.

Thierry Chopin et Michel Foucher (dir.), *Rapport Schuman 2007 sur l'état de l'Union*, Fondation Robert Schuman et Lignes de Repères, mars 2007.

Daniel Cohen, *La Mondialisation et ses ennemis*, Grasset, 2004.

Laurent Cohen-Tanuggi, *Guerre ou paix. Essai sur le monde de demain*, Grasset, 2007.

Michel Comau, « L'exception autoritaire ou l'improbable point d'Archimède de la politique dans le monde arabe », *in* Elisabeth Picard (dir.), *La Politique dans le monde arabe*, 2006.

Georges Courade (dir.), *L'Afrique des idées reçues*, Belin, 2006.

Marc Crépon, *Altérités de l'Europe*, Galilée, 2006.

Régis Debray, *Eloge des frontières*, Gallimard, 2010.

Thomas Diez, « Europe's Others and the Return of Geopolitics », *Cambridge Review of International Affairs*, vol. 17, n° 2, juillet 2004.

Donaldson, J.W. & Pratt, M.A., « Boundary and territorial trends in 2004 », *Geopolitics*, n° 10, 2005.

Denis Eckert, *Le Monde russe*, Hachette, 2004.

Marc Ferro, *Le Ressentiment dans l'histoire. Comprendre notre temps*, Odile Jacob, 2007.

Jean-Pierre FILIU, *Les Frontières du jihad*, Fayard, 2006.

Michel FOUCHER, *L'Invention des frontières*, FED, 1986.

Michel FOUCHER, *Fronts et Frontières. Un tour du monde géopolitique*, Fayard, 1988, 1991, 2004.

Michel FOUCHER, « Les frontières de l'Afghanistan », dans « Les frontières du Tiers Monde, géographie et géopolitique », livres IV et V, thèse de doctorat d'Etat, Sorbonne, 1986.

Michel FOUCHER (dir.), *Fragments d'Europe*, Fayard, 1993.

Michel FOUCHER (dir.), *Asies nouvelles*, Belin, 2002.

Michel FOUCHER, « L'Union européenne un demi-siècle plus tard : état des lieux et scénarios de relance », *Note 37*, Fondation Robert Schuman, novembre 2006.

Michel FOUCHER, *La bataille des cartes. Analyse critique des visions du monde*, François Bourin éditeur, 2010, 2011 (en anglais, fév. 2012).

Michel FOUCHER, « Les questions territoriales et frontalières en Afrique (1964-2010) : la réaffirmation des frontières », in *Les frontières mobiles*, XIes rencontres du réseau BRIT, sessions spéciales sur les frontières africaines et alpines, Genève-Grenoble, 6-9 sept. 2011.

Michel FOUCHER, « Des frontières indépassables ? », Institut français de géopolitique Paris VIII, colloque international, *Frontières et conflits*, 30 nov. 2011.

« Frontière(s), Images de vie entre les lignes », Catalogue de l'exposition « Frontière(s) », Muséum de Lyon, Glénat-Aedelsa éditions, 2006.

« Fronteres », Catalogue de l'exposition « Fronteres », Centre de culture contemporaine de Barcelone, 2007.

Louis GAUTIER, *Face à la guerre*, La Table ronde, 2006.

Sylvie GOULARD, Carlo ALTOMONTE, Pierre DEFRAIGNE, Lucas DELATTRE, Karl-Theodor zu GUTTENBERG et Rudolf SHARPING, « Turquie, un partenariat privilégié », *Note 38*, Fondation Robert Schuman, décembre 2006.

Vilia GREBAS, « Chinese Migration and Chinese Ethnic Communities in Russia », in *World in the Mirror of International Migration*, vol. 10, Université Lomonossov, 2002.

Serge GRUZINSKI, *Les Quatre Parties du monde. Histoire d'une mondialisation*, La Martinière, 2004.

Pierre HASSNER, *La Terreur et l'Empire*, Le Seuil, 2003.

François HEISBOURG, *L'Epaisseur du monde*, Stock, 2007.
David HUME, *Essais et Traités sur plusieurs sujets*, Vrin, 1999.
Kipros KIBRIZ et Vesna MARINKOVIC, « Chypre, une déchirure pour un peuple », *Note 35*, Fondation Robert Schuman, 2006.
Vladimir KOLOSOV, « High and Low Geopolitics : Images of Foreign Countries in the eyes of Russian Citizens », *Geopolitics*, n° 8, 2003.
Jacques LE GOFF, *L'Europe est-elle née au Moyen Age ?*, Le Seuil, 2003.
P.B. LAFONT, *Les Frontières du Vietnam*, L'Harmattan, 1989.
Maxime LEFEBVRE, *Le Jeu du droit et de la puissance. Précis de relations internationales*, PUF, 2000.
Pierre LEGENDRE, *Ce que l'Occident ne voit pas de l'Occident*, Mille et Une Nuits, 2004.
Gilles LEPESANT (dir.), *L'Ukraine dans la nouvelle Europe*, CNRS éditions, 2005.
Pierre MANENT, *La Raison des nations. Réflexions sur la démocratie en Europe*, Gallimard, 2006.
Nick MEGORAN, Gaël RABALLAND et Jérôme BOUYJOU, « Performance, Representation and the Economics of Border Control in Uzbekistan », *Geopolitics*, n° 10, 2005.
George MINK et Laure NEUMAYER (dir.), *L'Europe et ses passés douloureux*, La Découverte, 2007.
David NEWMAN, « La frontière Israël-Palestine, Changements et continuité », *Outre-Terre*, 2004, n° 9, p. 139.
Pierre NORA (dir.), *Les Lieux de mémoire, II. La Nation*, Gallimard, 1986.
Pascal ORCIER, *La Lettonie en Europe*, Zvaigzne/Belin, 2005.
Liam O'DOWD, *Mapping Frontiers, plotting pathways : routes to North-South cooperation in a divided island*, Belfast, 2004-6.
Cédric PARIZOT, « En attendant le Mur : Gestions des mobilités palestiniennes pendant la seconde Intifada (2000-2006) », *Migrations et Société*, volume 18/107, octobre 2006.
Ohran PAMUK, *Neige*, Gallimard, 2005.
Gilles PÉCOUT (dir.), *Penser les frontières de l'Europe du XIXe au XXIe siècle*, Editions ENS Rue d'Ulm, PUF, 2004.
Jean-François PÉROUSE, « La Turquie est-elle intégrable ? Quelques refléxions sur des frontières de part et d'autre imaginées », *in* Gilles PÉCOUT (dir.), *Penser les frontières de*

l'Europe du XIXe *au* XXIe *siècle*, éditions ENS rue d'Ulm, PUF, 2004.

Jean PEYRONI (dir.), « Les solidarités transfrontalières, propositions et recommandations pour qualifier les projets transfrontaliers à l'horizon 2007 », *Mission Opérationnelle Transfrontalière/DIACT*, 2007.

Karoline POSTEL-VINAY, *L'Occident et sa bonne parole*, Flammarion, 2005.

Gaël RABALLAND, *L'Asie centrale, la fatalité de l'enclavement*, 2005.

Andrea RICCARDI, *Vivre ensemble*, Desclée de Brouwer, 2007.

Olivier ROY (dir.), *La Turquie aujourd'hui. Un pays européen ?*, Universalis, 2004.

Tilo SCHABERT, *Mitterrand et la réunification allemande, une histoire secrète (1981-1995)*, Grasset, 2005.

Amartya SEN, *Identité et violence. L'illusion du destin*, Odile Jacob, 2006.

Jean-Marc SOREL (dir.), *Les murs et le droit international*, Pedone, 2011.

Julien THOREZ, « Flux et dynamiques spatiales en Asie centrale, Géographie de la transformation post-soviétique », thèse, 2005.

Tzvetan TODOROV, *L'Esprit des lumières*, Robert Laffont, 2006.

Hubert VÉDRINE, *Continuer l'Histoire*, Fayard, 2007.

Jean-Pierre VERNANT, *La Traversée des frontières*, Le Seuil, 2004.

Ole WAEVER, « Insecurity, Security and Asecurity in the West European Non-war Community », in *Security Communities*, E. ADLER et M. BARNETT, Cambridge University Press, 1998.

Henri WESSELING, *Le Partage de l'Afrique*, Denoël, 1996.

Mathias WISMANN, « Neue Strategien für die Erweiterung der EU. Das Modelle der Gestuften Mitgliedschaft », 16 mars 2006.

Andrei ZAGORSKI, « National Threats Perception : Survey Results from Russia », *Garnet Project*, mai 2007.

E. ZUREIK et M. SALTER (dir.), *Global Surveillance and Policing : borders, security, identity*, Willan Publishing, Cullompton, 2005.

Revues *Esprit*, *Le Débat*, *Commentaire*, *Politique étrangère*.

Table

collection tempus
Perrin

DÉJÀ PARU

1. *Histoire des femmes en Occident* (dir. Michelle Perrot, Georges Duby), *L'Antiquité* (dir. Pauline Schmitt Pantel).
2. *Histoire des femmes en Occident* (dir. Michelle Perrot, Georges Duby), *Le Moyen Âge* (dir. Christiane Klapisch-Zuber).
3. *Histoire des femmes en Occident* (dir. Michelle Perrot, Georges Duby), *XVIe-XVIIIe siècle* (dir. Natalie Zemon Davis, Arlette Farge).
4. *Histoire des femmes en Occident* (dir. Michelle Perrot, Georges Duby), *Le XIXe siècle* (dir. Michelle Perrot, Geneviève Fraisse).
5. *Histoire des femmes en Occident* (dir. Michelle Perrot, Georges Duby), *Le XXe siècle* (dir. Françoise Thébaud).
6. *L'épopée des croisades* – René Grousset.
7. *La bataille d'Alger* – Pierre Pellissier.
8. *Louis XIV* – Jean-Christian Petitfils.
9. *Les soldats de la Grande Armée* – Jean-Claude Damamme.
10. *Histoire de la Milice* – Pierre Giolitto.
11. *La régression démocratique* – Alain-Gérard Slama.
12. *La première croisade* – Jacques Heers.
13. *Histoire de l'armée française* – Philippe Masson.
14. *Histoire de Byzance* – John Julius Norwich.
15. *Les Chevaliers teutoniques* – Henry Bogdan.
16. *Mémoires, Les champs de braises* – Hélie de Saint Marc.
17. *Histoire des cathares* – Michel Roquebert.
18. *Franco* – Bartolomé Bennassar.
19. *Trois tentations dans l'Église* – Alain Besançon.
20. *Le monde d'Homère* – Pierre Vidal-Naquet.
21. *La guerre à l'Est* – August von Kageneck.
22. *Histoire du gaullisme* – Serge Berstein.
23. *Les Cent-Jours* – Dominique de Villepin.
24. *Nouvelle histoire de la France*, tome I – Jacques Marseille.
25. *Nouvelle histoire de la France*, tome II – Jacques Marseille.
26. *Histoire de la Restauration* – Emmanuel de Waresquiel et Benoît Yvert.

27. *La Grande Guerre des Français* – Jean-Baptiste Duroselle.
28. *Histoire de l'Italie* – Catherine Brice.
29. *La civilisation de l'Europe à la Renaissance* – John Hale.
30. *Histoire du Consulat et de l'Empire* – Jacques-Olivier Boudon.
31. *Les Templiers* – Laurent Daillez.
32. *Madame de Pompadour* – Évelyne Lever.
33. *La guerre en Indochine* – Georges Fleury.
34. *De Gaulle et Churchill* – François Kersaudy.
35. *Le passé d'une discorde* – Michel Abitbol.
36. *Louis XV* – François Bluche.
37. *Histoire de Vichy* – Jean-Paul Cointet.
38. *La bataille de Waterloo* – Jean-Claude Damamme.
39. *Pour comprendre la guerre d'Algérie* – Jacques Duquesne.
40. *Louis XI* – Jacques Heers.
41. *La bête du Gévaudan* – Michel Louis.
42. *Histoire de Versailles* – Jean-François Solnon.
43. *Voyager au Moyen Âge* – Jean Verdon.
44. *La Belle Époque* – Michel Winock.
45. *Les manuscrits de la mer Morte* – Michael Wise, Martin Abegg Jr. & Edward Cook.
46. *Histoire de l'éducation*, tome I – Michel Rouche.
47. *Histoire de l'éducation*, tome II – François Lebrun, Marc Venard, Jean Quéniart.
48. *Les derniers jours de Hitler* – Joachim Fest.
49. *Zita impératrice courage* – Jean Sévillia.
50. *Histoire de l'Allemagne* – Henry Bogdan.
51. *Lieutenant de panzers* – August von Kageneck.
52. *Les hommes de Dien Bien Phu* – Roger Bruge.
53. *Histoire des Français venus d'ailleurs* – Vincent Viet.
54. *La France qui tombe* – Nicolas Baverez.
55. *Histoire du climat* – Pascal Acot.
56. *Charles Quint* – Philippe Erlanger.
57. *Le terrorisme intellectuel* – Jean Sévillia.
58. *La place des bonnes* – Anne Martin-Fugier.
59. *Les grands jours de l'Europe* – Jean-Michel Gaillard.
60. *Georges Pompidou* – Éric Roussel.
61. *Les États-Unis d'aujourd'hui* – André Kaspi.
62. *Le masque de fer* – Jean-Christian Petitfils.
63. *Le voyage d'Italie* – Dominique Fernandez.
64. *1789, l'année sans pareille* – Michel Winock.

65. *Les Français du Jour J* – Georges Fleury.
66. *Padre Pio* – Yves Chiron.
67. *Naissance et mort des Empires.*
68. *Vichy 1940-1944* – Jean-Pierre Azéma, Olivier Wieviorka.
69. *L'Arabie Saoudite en guerre* – Antoine Basbous.
70. *Histoire de l'éducation*, tome III – Françoise Mayeur.
71. *Histoire de l'éducation*, tome IV – Antoine Prost.
72. *La bataille de la Marne* – Pierre Miquel.
73. *Les intellectuels en France* – Pascal Ory, Jean-François Sirinelli.
74. *Dictionnaire des pharaons* – Pascal Vernus, Jean Yoyotte.
75. *La Révolution américaine* – Bernard Cottret.
76. *Voyage dans l'Égypte des Pharaons* – Christian Jacq.
77. *Histoire de la Grande-Bretagne* – Roland Marx, Philippe Chassaigne.
78. *Histoire de la Hongrie* – Miklós Molnar.
79. *Chateaubriand* – Ghislain de Diesbach.
80. *La Libération de la France* – André Kaspi.
81. *L'empire des Plantagenêt* – Martin Aurell.
82. *La Révolution française* – Jean-Paul Bertaud.
83. *Les Vikings* – Régis Boyer.
84. *Examen de conscience* – August von Kageneck.
85. *1905, la séparation des Églises et de l'État.*
86. *Les femmes cathares* – Anne Brenon.
87. *L'Espagne musulmane* – André Clot.
88. *Verdi et son temps* – Pierre Milza.
89. *Sartre* – Denis Bertholet.
90. *L'avorton de Dieu* – Alain Decaux.
91. *La guerre des deux France* – Jacques Marseille.
92. *Honoré d'Estienne d'Orves* – Étienne de Montety.
93. *Gilles de Rais* – Jacques Heers.
94. *Laurent le Magnifique* – Jack Lang.
95. *Histoire de Venise* – Alvise Zorzi.
96. *Le malheur du siècle* – Alain Besançon.
97. *Fouquet* – Jean-Christian Petitfils.
98. *Sissi, impératrice d'Autriche* – Jean des Cars.
99. *Histoire des Tchèques et des Slovaques* – Antoine Marès.
100. *Marie Curie* – Laurent Lemire.
101. *Histoire des Espagnols*, tome I – Bartolomé Bennassar.
102. *Pie XII et la Seconde Guerre mondiale* – Pierre Blet.
103. *Histoire de Rome*, tome I – Marcel Le Glay.

104. *Histoire de Rome*, tome II – Marcel Le Glay.
105. *L'État bourguignon 1363-1477* – Bertrand Schnerb.
106. *L'Impératrice Joséphine* – Françoise Wagener.
107. *Histoire des Habsbourg* – Henry Bogdan.
108. *La Première Guerre mondiale* – John Keegan.
109. *Marguerite de Valois* – Éliane Viennot.
110. *La Bible arrachée aux sables* – Werner Keller.
111. *Le grand gaspillage* – Jacques Marseille.
112. *« Si je reviens comme je l'espère » : lettres du front et de l'Arrière, 1914-1918* – Marthe, Joseph, Lucien et Marcel Papillon.
113. *Le communisme* – Marc Lazar.
114. *La guerre et le vin* – Donald et Petie Kladstrup.
115. *Les chrétiens d'Allah* – Lucile et Bartolomé Bennassar.
116. *L'Égypte de Bonaparte* – Jean-Joël Brégeon.
117. *Les empires nomades* – Gérard Chaliand.
118. *La guerre de Trente Ans* – Henry Bogdan.
119. *La bataille de la Somme* – Alain Denizot.
120. *L'Église des premiers siècles* – Maurice Vallery-Radot.
121. *L'épopée cathare*, tome I, *L'invasion* – Michel Roquebert.
122. *L'homme européen* – Jorge Semprún, Dominique de Villepin.
123. *Mozart* – Pierre-Petit.
124. *La guerre de Crimée* – Alain Gouttman.
125. *Jésus et Marie-Madeleine* – Roland Hureaux.
126. *L'épopée cathare*, tome II, *Muret ou la dépossession* – Michel Roquebert.
127. *De la guerre* – Carl von Clausewitz.
128. *La fabrique d'une nation* – Claude Nicolet.
129. *Quand les catholiques étaient hors la loi* – Jean Sévillia.
130. *Dans le bunker de Hitler* – Bernd Freytag von Loringhoven et François d'Alançon.
131. *Marthe Robin* – Jean-Jacques Antier.
132. *Les empires normands d'Orient* – Pierre Aubé.
133. *La guerre d'Espagne* – Bartolomé Bennassar.
134. *Richelieu* – Philippe Erlanger.
135. *Les Mérovingiennes* – Roger-Xavier Lantéri.
136. *De Gaulle et Roosevelt* – François Kersaudy.
137. *Historiquement correct* – Jean Sévillia.
138. *L'actualité expliquée par l'Histoire.*
139. *Tuez-les tous ! La guerre de religion à travers l'histoire* – Élie Barnavi, Anthony Rowley.

140. *Jean Moulin* – Jean-Pierre Azéma.
141. *Nouveau monde, vieille France* – Nicolas Baverez.
142. *L'Islam et la Raison* – Malek Chebel.
143. *La gauche en France* – Michel Winock.
144. *Malraux* – Curtis Cate.
145. *Une vie pour les autres. L'aventure du père Ceyrac* – Jérôme Cordelier.
146. *Albert Speer* – Joachim Fest.
147. *Du bon usage de la guerre civile en France* – Jacques Marseille.
148. *Raymond Aron* – Nicolas Baverez.
149. *Joyeux Noël* – Christian Carion.
150. *Frères de tranchées* – Marc Ferro.
151. *Histoire des croisades et du royaume franc de Jérusalem*, tome I, *1095-1130, L'anarchie musulmane* – René Grousset.
152. *Histoire des croisades et du royaume franc de Jérusalem*, tome II, *1131-1187, L'équilibre* – René Grousset.
153. *Histoire des croisades et du royaume franc de Jérusalem*, tome III, *1188-1291, L'anarchie franque* – René Grousset.
154. *Napoléon* – Luigi Mascilli Migliorini.
155. *Versailles, le chantier de Louis XIV* – Frédéric Tiberghien.
156. *Le siècle de saint Bernard et Abélard* – Jacques Verger, Jean Jolivet.
157. *Juifs et Arabes au XXe siècle* – Michel Abitbol.
158. *Par le sang versé. La Légion étrangère en Indochine* – Paul Bonnecarrère.
159. *Napoléon III* – Pierre Milza.
160. *Staline et son système* – Nicolas Werth.
161. *Que faire ?* – Nicolas Baverez.
162. *Stratégie* – B. H. Liddell Hart.
163. *Les populismes* (dir. Jean-Pierre Rioux).
164. *De Gaulle, 1890-1945*, tome I – Éric Roussel.
165. *De Gaulle, 1946-1970*, tome II – Éric Roussel.
166. *La Vendée et la Révolution* – Jean-Clément Martin.
167. *Aristocrates et grands bourgeois* – Éric Mension-Rigau.
168. *La campagne d'Italie* – Jean-Christophe Notin.
169. *Lawrence d'Arabie* – Jacques Benoist-Méchin.
170. *Les douze Césars* – Régis F. Martin.
171. *L'épopée cathare*, tome III, *Le lys et la croix* – Michel Roquebert.

172. *L'épopée cathare*, tome IV, *Mourir à Montségur* – Michel Roquebert.
173. *Henri III* – Jean-François Solnon.
174. *Histoires des Antilles françaises* – Paul Butel.
175. *Rodolphe et les secrets de Mayerling* – Jean des Cars.
176. *Oradour, 10 juin 1944* – Sarah Farmer.
177. *Volontaires français sous l'uniforme allemand* – Pierre Giolitto.
178. *Chute et mort de Constantinople* – Jacques Heers.
179. *Nouvelle histoire de l'Homme* – Pascal Picq.
180. *L'écriture. Des hiéroglyphes au numérique.*
181. *C'était Versailles* – Alain Decaux.
182. *De Raspoutine à Poutine* – Vladimir Fedorovski.
183. *Histoire de l'esclavage aux États-Unis* – Claude Fohlen.
184. *Ces papes qui ont fait l'histoire* – Henri Tincq.
185. *Classes laborieuses et classes dangereuses* – Louis Chevalier.
186. *Les enfants soldats* – Alain Louyot.
187. *Premiers ministres et présidents du Conseil* – Benoît Yvert.
188. *Le massacre de Katyn* – Victor Zaslavsky.
189. *Enquête sur les apparitions de la Vierge* – Yves Chiron.
190. *L'épopée cathare*, tome V, *La fin des Amis de Dieu* – Michel Roquebert.
191. *Histoire de la diplomatie française*, tome I.
192. *Histoire de la diplomatie française*, tome II.
193. *Histoire de l'émigration* – Ghislain de Diesbach.
194. *Le monde des Ramsès* – Claire Lalouette.
195. *Bernadette Soubirous* – Anne Bernet.
196. *Cosa Nostra. La mafia sicilienne de 1860 à nos jours* – John Dickie.
197. *Les mensonges de l'Histoire* – Pierre Miquel.
198. *Les négriers en terres d'islam* – Jacques Heers.
199. *Nelson Mandela* – Jack Lang.
200. *Un monde de ressources rares* – Le Cercle des économistes et Érik Orsenna.
201. *L'histoire de l'univers et le sens de la création* – Claude Tresmontant.
202. *Ils étaient sept hommes en guerre* – Marc Ferro.
203. *Précis de l'art de la guerre* – Antoine-Henri Jomini.
204. *Comprendre les États-Unis d'aujourd'hui* – André Kaspi.
205. *Tsahal* – Pierre Razoux.
206. *Pop philosophie* – Mehdi Belahj Kacem, Philippe Nassif.

207. *Le roman de Vienne* – Jean des Cars.
208. *Hélie de Saint Marc* – Laurent Beccaria.
209. *La dénazification* (dir. Marie-Bénédicte Vincent).
210. *La vie mondaine sous le nazisme* – Fabrice d'Almeida.
211. *Comment naissent les révolutions.*
212. *Comprendre la Chine d'aujourd'hui* – Jean-Luc Domenach.
213. *Le second Empire* – Pierre Miquel.
214. *Les papes en Avignon* – Dominique Paladilhe.
215. *Jean Jaurès* – Jean-Pierre Rioux.
216. *La Rome des Flaviens* – Catherine Salles.
217. *6 juin 44* – Jean-Pierre Azéma, Philippe Burrin, Robert O. Paxton.
218. *Eugénie, la dernière impératrice* – Jean des Cars.
219. *L'homme Robespierre* – Max Gallo.
220. *Les Barbaresques* – Jacques Heers.
221. *L'élection présidentielle en France, 1958-2007* – Michel Winock.
222. *Histoire de la Légion étrangère* – Georges Blond.
223. *1 000 ans de jeux Olympiques* – Moses I. Finley, H. W. Pleket.
224. *Quand les Alliés bombardaient la France* – Eddy Florentin.
225. *La crise des années 30 est devant nous* – François Lenglet.
226. *Le royaume wisigoth d'Occitanie* – Joël Schmidt.
227. *L'épuration sauvage* – Philippe Bourdrel.
228. *La révolution de la Croix* – Alain Decaux.
229. *Frédéric de Hohenstaufen* – Jacques Benoist-Méchin.
230. *Savants sous l'Occupation* – Nicolas Chevassus-au-Louis.
231. *Moralement correct* – Jean Sévillia.
232. *Claude Lévi-Strauss, le passeur de sens* – Marcel Hénaff.
233. *Le voyage d'automne* – François Dufay.
234. *Erbo, pilote de chasse* – August von Kageneck.
235. *L'éducation des filles en France au XIXe siècle* – Françoise Mayeur.
236. *Histoire des pays de l'Est* – Henry Bogdan.
237. *Les Capétiens* – François Menant, Hervé Martin, Bernard Merdrignac, Monique Chauvin.
238. *Le roi, l'empereur et le tsar* – Catrine Clay.
239. *Neanderthal* – Marylène Patou-Mathis.
240. *Judas, de l'Évangile à l'Holocauste* – Pierre-Emmanuel Dauzat.
241. *Le roman vrai de la crise financière* – Olivier Pastré, Jean-Marc Sylvestre.

242. *Comment l'Algérie devint française* – Georges Fleury.
243. *Le Moyen Âge, une imposture* – Jacques Heers.
244. *L'île aux cannibales* – Nicolas Werth.
245. *Policiers français sous l'Occupation* – Jean-Marc Berlière.
246. *Histoire secrète de l'Inquisition* – Peter Godman.
247. *La guerre des capitalismes aura lieu* – Le Cercle des économistes (dir. Jean-Hervé Lorenzi).
248. *Les guerres bâtardes* – Arnaud de La Grange, Jean-Marc Balencie.
249. *De la croix de fer à la potence* – August von Kageneck.
250. *Nous voulions tuer Hitler* – Philipp Freiherr von Boeselager.
251. *Le soleil noir de la puissance, 1796-1807* – Dominique de Villepin.
252. *L'aventure des Normands, VIIIe- XIIIe siècle* – François Neveux.
253. *La spectaculaire histoire des rois des Belges* – Patrick Roegiers.
254. *L'islam expliqué par* – Malek Chebel.
255. *Pour en finir avec Dieu* – Richard Dawkins.
256. *La troisième révolution américaine* – Jacques Mistral.
257. *Les dernières heures du libéralisme* – Christian Chavagneux.
258. *La Chine m'inquiète* – Jean-Luc Domenach.
259. *La religion cathare* – Michel Roquebert.
260. *Histoire de la France*, tome I, *1900-1930* – Serge Berstein, Pierre Milza.
261. *Histoire de la France*, tome II, *1930-1958* – Serge Berstein, Pierre Milza.
262. *Histoire de la France*, tome III, *1958 à nos jours* – Serge Berstein, Pierre Milza.
263. *Les Grecs et nous* – Marcel Detienne.
264. *Deleuze* – Alberto Gualandi.
265. *Le réenchantement du monde* – Michel Maffesoli.
266. *Spinoza* – André Scala.
267. *Les Français au quotidien, 1939-1949* – Éric Alary, Bénédicte Vergez-Chaignon, Gilles Gauvin.
268. *Teilhard de Chardin* – Jacques Arnould.
269. *Jeanne d'Arc* – Colette Beaune.
270. *Crises, chaos et fins de monde.*
271. *Auguste* – Pierre Cosme.
272. *Histoire de l'Irlande* – Pierre Joannon.
273. *Les inconnus de Versailles* – Jacques Levron.
274. *Ils ont vécu sous le nazisme* – Laurence Rees.

275. *La nuit au Moyen Âge* – Jean Verdon.
276. *Ce que savaient les Alliés* – Christian Destremau.
277. *François Ier* – Jack Lang.
278. *Alexandre le Grand* – Jacques Benoist-Méchin.
279. *L'Égypte des Mamelouks* – André Clot.
280. *Les valets de chambre de Louis XIV* – Mathieu Da Vinha.
281. *Les grands sages de l'Égypte ancienne* – Christian Jacq.
282. *Armagnacs et Bourguignons* – Bertrand Schnerb.
283. *La révolution des Templiers* – Simonetta Cerrini.
284. *Les crises du capitalisme.*
285. *Communisme et totalitarisme* – Stéphane Courtois.
286. *Les chasseurs noirs* – Christian Ingrao.
287. *Averroès* – Ali Benmakhlouf.
288. *Les guerres préhistoriques* – Lawrence H. Keeley.
289. *Devenir de Gaulle* – Jean-Luc Barré.
290. *Lyautey* – Arnaud Teyssier.
291. *Fin de monde ou sortie de crise ?* – Le Cercle des économistes (dir. Pierre Dockès et Jean-Hervé Lorenzi).
292. *Madame de Montespan* – Jean-Christian Petitfils.
293. *L'extrême gauche plurielle* – Philippe Raynaud.
294. *La guerre d'indépendance des Algériens* (prés. Raphaëlle Branche).
295. *La France de la Renaissance* – Arlette Jouanna.
296. *Verdun 1916* – Malcolm Brown.
297. *Lyotard* – Alberto Gualandi.
298. *Catherine de Médicis* – Jean-François Solnon.
299. *Le XXe siècle idéologique et politique* – Michel Winock.
300. *L'art nouveau en Europe* – Roger-Henri Guerrand.
301. *Les salons de la IIIe République* – Anne Martin-Fugier.
302. *Lutèce* – Joël Schmidt.
303. *Les aventurières de Dieu* – Elisabeth Dufourcq.
304. *Chiisme et politique au Moyen-Orient* – Laurence Louër.
305. *La chute ou l'Empire de la solitude 1807-1814* – Dominique de Villepin.
306. *Louis II de Bavière* – Jean des Cars.
307. *L'Égypte des grands pharaons* – Christian Jacq.
308. *La Deuxième Guerre mondiale* – John Keegan.
309. *Histoire du libertinage* – Didier Foucault.
310. *L'affaire Cicéron* – François Kersaudy.
311. *Les Gaulois contre les Romains* – Joël Schmidt.

312. *Le soufre et le moisi* – François Dufay.
313. *Histoire des Étrusques* – Jean-Marc Irollo.
314. *Le plaisir au Moyen Âge* – Jean Verdon.
315. *Cro Magnon* – Marcel Otte.
316. *La ligne de démarcation* – Éric Alary.
317. *Histoires de Berlin* – Bernard Oudin, Michèle Georges.
318. *Histoire de l'armée allemande* – Philippe Masson.
319. *La guerre de Cent Ans* – Georges Minois.
320. *La santé de Louis XIV* – Stanis Perez.
321. *La mémoire des pieds-noirs* – Joëlle Hureau.
322. *Pascal* – Francesco Paolo Adorno.
323. *Dictionnaire culturel de la Bible.*
324. *Levinas* – François-David Sebbah.
325. *Histoire de la réforme protestante* – Bernard Cottret.
326. *Chronologie commentée de la Seconde Guerre mondiale* – André Kaspi.
327. *Chronologie commentée du Moyen Âge français* – Laurent Theis.
328. *Histoire de l'ordre de Malte* – Bertrand Galimard Flavigny.
329. *Histoire ignorée de la marine française* – Étienne Taillemite.
330. *Erich von Manstein* – Benoît Lemay.
331. *L'argent des Français* – Jacques Marseille.
332. *Leclerc* – Jean-Christophe Notin.
333. *Radio Londres* – Aurélie Luneau.
334. *Louis XII* – Didier Le Fur.
335. *Le chouan du Tyrol* – Jean Sévillia.
336. *Cléopâtre* – Jacques Benoist-Méchin.
337. *Les noirs américains* – Nicole Bacharan.
338. *Que sont les grands hommes devenus ?* – Jacques Julliard.
339. *La cour de Versailles aux XVIIe et XVIIIe siècles* – Jacques Levron.
340. *Simon de Montfort* – Michel Roquebert.
341. *Les deux terres promises* – Michel Abitbol.
342. *Histoire des instituteurs et des professeurs* – Béatrice Compagnon, Anne Thévenin.
343. *Baudouin IV de Jérusalem* – Pierre Aubé.
344. *Monet* – Pascal Bonafoux.
345. *La moisson des dieux* – Jean-Jacques Fiechter.
346. *La Terre est plate* – Thomas L. Friedman.
347. *La société d'indifférence* – Alain-Gérard Slama.
348. *Gaston Fébus* – Claudine Pailhès.
349. *La France perd la mémoire* – Jean-Pierre Rioux.

350. *Mémoires accessoires,* tome I, *1921-1946* – Philippe de Gaulle.
351. *Mémoires accessoires,* tome II, *1946-1982* – Philippe de Gaulle.
352. *11 novembre 1942, l'invasion de la zone libre* – Eddy Florentin.
353. *L'homme du* Monde, *la vie d'Hubert Beuve-Méry* – Laurent Greilsamer.
354. *Staline, la cour du tsar rouge,* tome I, *1929-1941* – Simon Sebag Montefiore.
355. *Staline, la cour du tsar rouge,* tome II, *1941-1953* – Simon Sebag Montefiore.
356. *Le 18 Brumaire* – Thierry Lentz.
357. *Louis XVI,* tome I, *1754-1786* – Jean-Christian Petitfils.
358. *Louis XVI,* tome II, *1786-1793* – Jean-Christian Petitfils.
359. *Histoire de la cuisine et de la gastronomie françaises* – Patrick Rambourg.
360. *L'Amérique des néo-conservateurs, l'illusion messianique* – Alain Frachon, Daniel Vernet.
361. *Du fascisme* – Pascal Ory.
362. *Histoire de la gendarmerie* – Éric Alary.
363. *Clemenceau* – Michel Winock.
364. *Le modèle suisse* – François Garçon.
365. *Une journée dans l'affaire Dreyfus, « J'accuse », 13 janvier 1898* – Alain Pagès.
366. *Ribbentrop* – Michael Bloch.
367. *Voyage au cœur de l'OAS* – Olivier Dard.
368. *Splendeurs et misères du fait divers* – Louis Chevalier.
369. *Christianisme et paganisme du IVe au VIIIe siècle* – Ramsay MacMullen.
370. *Mihailović, héros trahi par les Alliés (1893-1946)* – Jean-Christophe Buisson.
371. *La guerre civile européenne. National-socialisme et bolchevisme, 1917-1945* – Ernst Nolte.
372. *Rome et Jérusalem* – Martin Goodman.
373. *La chute de Saigon* – Olivier Todd.
374. *Les secrets du Vatican* – Bernard Lecomte.
375. *Madame de Staël* – Ghislain de Diesbach.
376. *L'irrésistible ascension de l'argent* – Niall Ferguson.
377. *Erwin Rommel* – Benoît Lemay.
378. *Histoire des Espagnols*, tome II – Bartolomé Bennassar.
379. *Les généraux allemands parlent* – Basil H. Liddell Hart.
380. *Google et le nouveau monde* – Bruno Racine.

381. *Histoire de France* – Jacques Bainville.
382. *Après le déluge* – Nicolas Baverez.
383. *Histoires de la Révolution et de l'Empire* – Patrice Gueniffey.
384. *Mille ans de langue française*, tome I, *Des origines au français moderne* – Alain Rey, Frédéric Duval, Gilles Siouffi.
385. *Mille ans de langue française*, tome II, *Nouveaux destins* – Alain Rey, Frédéric Duval, Gilles Siouffi.
386. *Juliette Gréco, une vie en liberté* – Bertrand Dicale.
387. *Le grand jeu de dupes* – Gabriel Gorodetsky.
388. *Des cendres en héritage. L'histoire de la CIA* – Tim Weiner.
389. *La Bastoche. Une histoire du Paris populaire et criminel* – Claude Dubois.
390. *Les Mitterrand* – Robert Schneider.
391. *L'étrange voyage de Rudolf Hess* – Martin Allen.
392. *Le monde post-américain* – Fareed Zakaria.
393. *Enquête sur les béatifications et les canonisations* – Yves Chiron.
394. *Histoire des paradis* – Pierre-Antoine Bernheim, Guy Stavridès.
395. *Margaret Thatcher* – Jean-Louis Thiériot.
396. *L'art de la guerre* – Nicolas Machiavel.
397. *Caligula* – Pierre Renucci.
398. *L'épopée du Normandie-Niémen* – Roland de la Poype.
399. *Stefan Zweig* – Dominique Bona.
400. *Louise de La Vallière* – Jean-Christian Petitfils.
401. *La saga des Grimaldi* – Jean des Cars.
402. *Jacques Pilhan, le sorcier de l'Élysée* – François Bazin.
403. *François-Joseph* – Jean-Paul Bled.
404. *La gauche à l'épreuve 1968-2011* – Jean-Pierre Le Goff.
405. *La vie élégante* – Anne Martin-Fugier.
406. *Le mur de Berlin* – Frederick Taylor.
407. *Naissance de la police moderne* – Jean-Marc Berlière.
408. *La guerre du Mexique* – Alain Gouttman.
409. *Les conflits du Proche-Orient* – Xavier Baron.
410. *L'Action française* – François Huguenin.
411. *Le duel, une passion française* – Jean-Joël Jeanneney.
412. *La bataille de Moscou* – Andrew Nagorski.
413. *Jean-Jacques Rousseau* – Monique et Bernard Cottret.
414. *Louis Massignon* – Christian Destremau, Jean Moncelon.
415. *Histoire politique de la Ve République* – Arnaud Teyssier.
416. *Le peuple de la nuit* – Diana Cooper-Richet.
417. *François-Ferdinand d'Autriche* – Jean-Louis Thiériot.

418. *Les dossiers secrets du XXe siècle* – Alain Decaux.
419. *Histoire de la papauté* – Yves Bruley.
420. *Anti*-Prince – François Sauzey.
421. *Jeanne d'Arc, vérités et légendes* – Colette Beaune.
422. *Heydrich et la solution finale* – Édouard Husson.
423. *Sainte Geneviève* – Joël Schmidt.
424. *Malesherbes* – Jean des Cars.
425. *Histoire de la Méditerranée* – John Julius Norwich.
426. *La guerre secrète*, tome I, *Origines des moyens spéciaux et premières victoires alliées* – Anthony Cave Brown.
427. *La guerre secrète*, tome II, *Le jour J et la fin du IIIe Reich* – Anthony Cave Brown.
428. *La droite, hier et aujourd'hui* – Michel Winock.
429. *L'obsession des frontières* – Michel Foucher.

À PARAÎTRE

L'impardonnable défaite – Claude Quétel.
Le dernier empereur – Jean Sévillia.
Lucie Aubrac – Laurent Douzou.

Composition Nord Compo
Villeneuve-d'Ascq

Impression réalisée par

BRODARD & TAUPIN

La Flèche (Sarthe), le 11-01-2012
pour le compte des Éditions Perrin
76, rue Bonaparte
75006 Paris
N° d'édition : 2793 – N° d'impression : 67060
Dépôt légal : janvier 2012
Imprimé en France